A STUDY ON THE BEHAVIORAL
EFFECTS AND RESPONSES OF
INTERNAL
PERFORMANCE
MEASUREMENT

企业内部业绩评价的行为影响研究

赵淑惠 ◎ 著

中国财经出版传媒集团
经济科学出版社
Economic Science Press
·北京·

图书在版编目（CIP）数据

企业内部业绩评价的行为影响研究／赵淑惠著．
北京：经济科学出版社，2025.5．-- ISBN 978 - 7 - 5218 - 7053 - 4

Ⅰ.F279.23

中国国家版本馆 CIP 数据核字第 2025QW0460 号

责任编辑：杜　鹏　胡真子
责任校对：靳玉环
责任印制：邱　天

企业内部业绩评价的行为影响研究

QIYE NEIBU YEJI PINGJIA DE XINGWEI YINGXIANG YANJIU

赵淑惠◎著

经济科学出版社出版、发行　新华书店经销
社址：北京市海淀区阜成路甲 28 号　邮编：100142
编辑部电话：010 - 88191458　发行部电话：010 - 88191522
网址：www.esp.com.cn
电子邮箱：esp@esp.com.cn
天猫网店：经济科学出版社旗舰店
网址：http://jjkxcbs.tmall.com
固安华明印业有限公司印装
710×1000　16 开　13.5 印张　210000 字
2025 年 5 月第 1 版　2025 年 5 月第 1 次印刷
ISBN 978 - 7 - 5218 - 7053 - 4　定价：99.00 元
(图书出现印装问题，本社负责调换．电话：010 - 88191545)
(版权所有　侵权必究　打击盗版　举报热线：010 - 88191661
QQ：2242791300　营销中心电话：010 - 88191537
电子邮箱：dbts@esp.com.cn）

前　言

在当代管理理论与实践中，业绩评价以其深厚的跨学科根基，始终占据着核心研究主题的地位。随着知识经济的兴起与全球社会经济环境的深刻变革，无形资产价值日益凸显，企业价值及其驱动因素成为焦点，极大地推动了管理会计、内部审计、组织行为等跨学科研究方法的革新与实务应用。与此同时，"大智移云物区"等前沿技术在会计与审计领域的运用，进一步促进了非财务业绩计量、经济增加值、平衡计分卡、业绩三棱柱等综合业绩评价工具的蓬勃发展，也使得相对业绩评价、主观业绩评价、绩效审计及其行为影响研究受到更加广泛的关注。

系统梳理中西方业绩评价研究脉络，可以清晰地观察到当前研究呈现两大显著特征：其一，研究重心多集中于企业整体业绩及经营者业绩外部评价，对企业内部业绩评价问题关注相对不足；其二，成果多体现为评价体系的推陈出新，而对系统运行的行为影响及业绩后果的深入探究尚显薄弱。正是基于对这一研究格局的深刻洞察，本书立足于广阔的跨学科背景，积极汲取多领域研究精华，聚焦于企业内部业绩评价系统及其指标的行为影响这一核心议题。本书以行为会计为主要研究范式，综合运用规范研究与实证研究方法，进行基于主体视角、自下而上的企业内部业绩评价行为影响研究，旨在揭示评价系统如何塑造和引导组织内部成员的行为，进而影响员工及组织绩效。

本书的研究框架遵循"理论基础→基本理论→实证分析→探索性研究"的逻辑脉络层层递进。第1章为导论，交代本书的研究背景、意义、内容框架等。第2章和第3章为理论基础，在深入述评国内外相关文献的基础上，清晰界定了核心概念、研究范围，系统阐释了业绩评价的发展历程、时代特征与研究焦点。尤为关键的是，本书创新性地将传统理论基础（如委托代理理论、利益相关者理论、预算理论、激励理论）与行为分析理论（如人性假设、动机计算理论、角色理论）进行整合，以企业内部业绩评价系统为媒介，构建了行为影响研究的理论基础框架。第4章为基本理论，是本书的核心理论支柱。本章在理论基础框架内，深入剖析了企业内部业绩评价作为管理决策行为的本质内涵，通过澄清组织业绩、过程业绩与个人业绩的辩证关系，确立了行为影响因素的系统观与指标观，构建了清晰的行为影响路径，并最终提炼出两种具有指导意义的行为影响模式，为后续实证与探索性研究奠定了坚实的理论基石。第5章聚焦基层员工层面进行实证分析，运用结构方程模型等方法，实证检验了激励计划中"业绩评价多样性"对员工行为反应的复杂影响。第6章进行探索性研究，将视角转向管理层，关注其在综合业绩评价系统中的双重主体地位，就综合业绩评价系统对管理层可能产生的双重行为影响进行探索性分析，从而为实务中业绩评价系统的构建提供借鉴和参考。第7章是结束语，主要对研究结论、研究中的局限和未来的研究方向进行了总结和展望。

  本书的核心贡献在于：第一，理论整合与框架创新。本书成功构建了融合传统经济学视角与行为科学视角的内部业绩评价行为影响研究框架，为理解评价系统的微观作用机制提供了新思路。第二，行为会计研究视角与研究方法融合。本书系统性地将研究焦点由外部评价、体系构建转向企业内部评价的行为后果，丰富了国内管理会计的研究领域，坚持行为会计研究范式，将行为理论贯穿全书，并采用规范与实证相结合的研究策略，增强了结论的说服力。第三，实证与探索性研究并重。本书在基层员工层面揭示了评价多样性、角色认知与业绩结果的复杂关系及价值承诺的调节作用；在管理层层面揭示了其双重角色下的差异化行为反应及潜在评价偏差，为实务界设计更有效的评价系统提供了重要的行为学依据。第四，研究结论具有较高的实践价值。本书揭示的业绩评价系统运行机制、行为影响路径及潜在偏差，为内部审计人员理解评价体系的有效性、识别评价过程中的行为风险、设计更具行为科学依据的审计评价标准和程序，提供了重要的理论支撑与实践启示，有助于提升审计在组织绩效治理中的价值贡献。

  作为在行为会计领域探索企业内部业绩评价的一次系统性尝试，本书虽力求严谨深入，但受研究条件与作者水平所限，仍存在诸多不足。诚挚希望本书的出版，能够抛砖引玉，激发国内学者对业绩评价、内部审计等行为维度的更多关注与深入研究，共同推动中国管理会计、审计理论与实践的繁荣发展。此外，本书也是大连大学审计专硕跨学科专业建设中取得的阶段性研究成果，在此，对专业给予的支持一并深表谢意。

赵淑惠
2025 年 4 月

目录

第1章 导论 / 1

1.1 研究背景和意义 / 2

1.2 研究的主要内容和研究框架 / 8

1.3 研究方法 / 10

1.4 研究中的主要创新 / 11

第2章 企业内部业绩评价的行为影响研究综述 / 15

2.1 内部业绩评价的发展与研究现状 / 15

2.2 内部业绩评价的行为影响研究综述 / 26

第3章 企业内部业绩评价与行为影响的理论框架 / 48

3.1 企业内部业绩评价的行为内涵分析 / 48

3.2 内部业绩评价的传统理论基础 / 60

3.3 内部业绩评价的行为理论基础 / 70

3.4 内部业绩评价行为影响研究的理论基础整合框架 / 87

第4章 内部业绩评价的行为影响模式及研究整体设计 / 91

4.1 内部业绩评价的行为影响因素确定 / 92

4.2 内部业绩评价的行为影响路径 / 105

4.3 内部业绩评价行为影响的整合模式及研究整体设计 / 109

第5章 评价指标多样性对基层员工行为影响的实证研究 / 117

5.1 问题提出 / 117

5.2 理论前提与研究假设 / 120

5.3 研究的程序和方法 / 125

5.4 数据分析 / 138

5.5 研究结论与启示 / 150

第6章 内部业绩评价系统对管理层行为影响的探索性研究 / 154

6.1 管理层的界定及角色特殊性 / 154

6.2 内部业绩评价系统对管理层业绩行为的影响 / 159

6.3 内部业绩评价系统对管理层评价行为的影响 / 166

6.4 探索性研究展望 / 176

第7章 结束语 / 178

7.1 主要结论 / 178

7.2 研究的局限性 / 182

7.3 未来的研究方向 / 183

附录 企业内部业绩评价的行为影响调查 / 185

主要参考文献 / 191

第1章

导　　论

业绩评价是多学科研究中的重要主题之一。在管理学中，业绩评价是人力资源管理领域的重要议题，以关注个体业绩的考核为核心；在心理学中，微观层面的个体业绩评价研究为组织对个体行为和态度的解释、预测、控制提供了理论支撑，从而为组织行为学的发展奠定了基础；在经济学中，业绩评价体现为"投入—产出"的资源配置效率，对经济业绩（economic performance）的测量和预测拓展了业绩评价研究的广度和深度；在会计学中，业绩评价系统的构建已经成为管理会计研究中的重要课题。各个学科因其不同的研究目的和研究方法形成了不同的研究范式，得出了不同的研究结论。近年来，随着跨学科研究的逐渐兴起，行为会计已经成为管理会计研究中的主流研究范式之一。行为会计研究将心理学、社会学、经济学、政治学、组织行为学、人类文化学等领域的相关概念、方法和原理引入会计领域，从而为会计理论和实践的创新、发展提供了多种可能的途径。本书正是基于跨学科的研究背景，在借鉴多学科业绩评价研究成果的基础上，以行为会计为主要研究范式，采用规范研究与实证研究相结合的方法，对企业内部业绩评价进行基于主体的自下而上的行为影响研究，以期提高业绩评价的准确性、有效性和公平性，进而在行为改进的基础上发挥评价的导向功能，提升企业业绩。本章对选题背景、选题意义以及研究的主要内容、方法和创新点进行概括性介绍。

1.1 研究背景和意义

业绩评价作为成熟市场经济国家管理和评价企业的主要方法之一，其理论研究和实践应用在国外已有较长的发展历史，形成了较为系统的理论体系和实践典范。在我国，业绩评价的研究虽然起步较晚，但其发展速度较快，且受到越来越多的重视。究其根本，在于业绩是企业发展的生命线，而业绩评价则是提升企业业绩的一种有效的管理方式。基于此，本章考察了理论界对业绩评价问题的研究现状，并在此基础上，进一步明确了本书的理论意义和实践应用价值。

1.1.1 研究背景

通过回顾国内外业绩评价的研究历史不难发现，当前会计学对业绩评价问题的研究表现出以下两个较为突出的特点。

第一，业绩评价研究以对企业整体业绩以及企业经营者业绩的外部评价研究为主,[①]对企业内部业绩评价研究的关注程度不够。

第二，业绩评价的研究成果表现为业绩评价体系（更确切地说，是业绩评价指标）的不断创新和完善。这从侧面说明，在会计学研究中，业绩评价研究的核心是业绩评价指标体系的构建。对业绩评价指标的研究无疑是意义重大的，然而，指标本身并非业绩评价所要追求的终极意

---

① 关于业绩评价的分类详见本书第 3 章，关于经营者的界定详见本书第 6 章。概括来说，本书认为，董事以及包括总经理/CEO 及其领导下的高级管理团队成员在内的高管层共同构成企业的经营层，都是企业的经营者。企业经营者业绩主要接受外部利益相关主体的评价，属于外部业绩评价的范畴。

义，评价的基本功能之一在于其"导向"作用,[①]即引导企业及企业内部的行为，行为是业绩的源头。而从研究现状来看，理论界对业绩的影响因素以及业绩评价系统可能对组织内成员产生的行为影响和行为后果研究不多。

基于以上研究背景，以及业绩评价中表现出的明显的行为影响特征，本书最终确定了以行为影响分析为核心，以企业内部业绩评价系统为对象的研究主题。

对企业内部业绩评价问题的研究，离不开管理会计发展的历史背景。20世纪90年代以后，管理会计发展为通过客户价值、组织创新和对股东价值驱动因素的确认、计量和管理来实现企业战略性价值创造的目的。随之而来的管理技术创新，如作业成本管理、全面质量管理、经济增加值、平衡计分卡等先进的业绩评价理论和方法，使企业内部业绩评价成为理论和实务界热议的问题之一。随着平衡计分卡的产生与推广而确立的一种观念是：只有将财务与非财务指标相结合，才能使企业管理人员更好地理解、沟通和传递组织战略，才能更好地协调员工行为与组织战略之间的关系，才能更好地实现经营与战略的统一。于是，非财务业绩指标在实务中被广泛关注。然而，非财务指标使用效果的差强人意，以及实证研究中先进业绩评价系统与企业业绩之间不确定或弱相关的研究结论，为我国的内部业绩评价研究发出了警示：对西方先进业绩评价理论、技术的单纯引进和介绍显然是不够的,[②]在管理会计研究领域，中国的管理会计研究也呈现出研究过多依赖西方经典文献、研究主题原创性、前瞻性不足，研究主题

---

① 冯平（1995）指出，在人类活动中，评价具有四种最基本的功能：判断功能、预测功能、选择功能和导向功能。其中，最为重要的、处于核心地位的功能是其导向功能，从层次上看，前三种功能隶属于导向功能。

② 杜、肖和周（Duh, Xiao & Chow, 2008）对我国1995~2005年发表在18个相关学术期刊上的管理会计文献进行统计研究，结果表明，业绩评价及与业绩评价密切相关的研究（如预算、责任会计等）占比近半（47%），但从研究内容来看，与业绩评价有关的研究主要集中于对创新财务指标（如EVA）和综合业绩评价方法（如平衡计分卡）的概念、内容和应用的介绍以及对其优越于传统财务指标的解释。

孤立、理论来源单一等问题。[①] 为此，企业内部业绩评价的行为影响研究从跨学科的交叉研究入手，有助于解释系统实施与企业业绩之间的不确定性关系，并有助于充分发挥业绩评价的行为导向功能。

不难理解的是，企业内部业绩评价系统的实施将直接作用于企业内部各个层级的员工主体，这种作用直接或间接地影响主体行为，进而影响主体和组织的业绩。因此，对业绩评价系统的研究应该形成一个以"行为"为核心的封闭回路系统，即"业绩评价系统构建→业绩评价系统行为及后果反馈→业绩评价系统改进"，具体过程如图1-1所示。

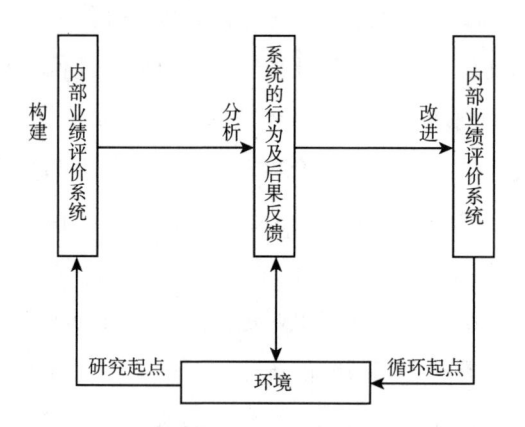

图1-1　企业内部业绩评价研究的封闭回路系统

首先，根据企业内、外部环境构建企业内部业绩评价系统；其次，进行系统运行，考察企业内部各层级主体对该业绩评价系统的行为反馈，以及该系统与各层级业绩（包括企业整体业绩）之间的相互关系；

[①] 吴革和林潇（2021），对2000~2019年中西方各10种知名期刊所发表的管理会计文章及其引文进行科学知识图谱研究得出的结论。西方在业绩评价与薪酬激励有关的研究主题下，融合了多种学科理论，探究了多种场景的应用，具有实用性。中国管理会计将经济增加值以及平衡计分卡归属到业绩评价中。业绩评价与薪酬激励是国内研究的重要热点主题之一，中国的研究2008年之前侧重对经济增加值、平衡计分卡等工具的引入介绍，但缺乏考虑中国文化情景的影响。之后也有学者进行相关实践应用和研究，尝试对工具进行整合，不过视角较为传统，缺乏创新性，未能形成深入的理论基础。西方的研究方面，由于这些工具的应用相当成熟，不再是研究的热点，研究多聚焦在应用场景的拓展、与企业战略的契合等方面，引入更为多元化的理论进行深层次的探究。

最后，在行为影响及业绩后果相关性分析的基础上，进行业绩评价系统的改进。也就是说，在重新考察环境要素的基础上，综合系统的运行效率和效果，进行业绩评价系统的权变性构建，以此构成业绩评价研究的回路系统。

根据上述回路系统，以及对研究现状的梳理，我们不难发现，国内对业绩评价问题的研究集中于"系统构建"的第一个阶段，而随着企业经营环境的变化[①]，一劳永逸的业绩评价系统不可能存在；而且，行为会计研究范式的兴起，使第二阶段行为影响和反馈研究的重要性增加，研究的科学性增强。因此，企业内部业绩评价的行为影响这一论题无论在理论和实务中都具有非常重要的、前瞻性的意义和价值。

1.1.2 研究意义

1.1.2.1 理论意义

对企业内部业绩评价系统进行行为影响研究，其理论意义在于研究中理论基础的创新。这种创新，一方面带来研究方法以及研究结论的突破；另一方面将带动会计学中跨学科研究的发展。

行为分析的基础是行为理论。但以行为理论作为行为影响研究的理论基础，并非排斥业绩评价研究中的传统理论。通过对业绩评价传统理论基础（如委托代理理论、系统理论、利益相关者理论、战略理论、权变理论等）的选择性分析，本书构建了企业内部业绩评价行为影响研究的对象，即由评价主体、评价客体、评价工具和评价后果组成的企业内部业绩评价系统；将行为理论作为对此系统进行研究的分析理论和方法论。通过两种理论的对接，本书希望在传统业绩评价分析结论的基础上进行行为影响研

---

① 根据池国华（2005）对管理控制理论演变的相关总结和论述，企业所面临的环境背景为："3C"（competition：市场竞争加剧，customization：客户需求多样化和个性化，change：社会环境变化）、经济全球化（globalization）以及知识经济。

究，寻找行为影响因素，建立行为影响模式。

行为是人们受思想和心理支配而表现在外的各种反应、动作、活动和行动。行为是心理学的研究对象（薛求知等，2003）。然而，从经济学与心理学的理论渊源以及行为研究在经济学、管理学发展不同阶段的地位和作用来看，经济心理与行为始终是经济学家们有意无意地予以思考和探究的内容之一，行为研究在管理学研究中的意义和作用更是不言而喻。因此，本书将以人类行为的基础（即对人及其行为方式的不同假设）为起点，以管理心理学分析研究中广泛使用的动机计算理论和角色理论为核心，以行为会计为主要研究范式，构建一个包含基础理论和方法论在内的行为理论分析框架，这一分析框架在企业内部业绩评价研究中具有重大的理论意义，其原因如下。

第一，拓展了业绩评价的研究视角。从不同的角度出发，对业绩评价的内涵可以有不同的理解，如一种制度安排、一种管理方法等。但不难接受的是，业绩评价是一种企业行为，是与企业相关的业绩评价主体对业绩评价客体（即业绩主体）过去行为的效率和/或效果进行量化及综合的价值判断，并在此基础上通过决策对业绩评价客体行为实施影响的过程。考虑到企业内部业绩评价的这一行为特征尤其显见，因此，以行为理论作为企业内部业绩评价研究的理论基础，能够从本质层面上对业绩及其评价问题进行更为深刻的剖析。

第二，从行为理论本身的发展趋势来看，以行为理论作为企业内部业绩评价的分析视角，可带动企业内部业绩评价研究方向的革新。以基础理论为例，行为经济学的发展，将经济学推入第三阶段。[①]行为经济学对"经济人"假设的挑战，以及由此而产生的一系列研究成果，都为企业内部业绩评价的行为影响分析提供了新的理论基础。以方法论为例，行为会计研究已经成为管理会计研究领域的主流分析范式，其具有代表性的调查

[①] 贝克尔. 人类行为的经济分析 [M]. 2版. 王业宇，陈琪，译. 上海：上海人民出版社，2008.

研究（survey）、实地研究（field study）、实验室研究（laboratory experiment）和实地实验（field experiment）方法，已经在管理会计的管理控制研究中取得了一定的成果，而作为管理控制重要组成部分的内部业绩评价研究，该分析方法的使用也必然使问题的分析结论具有更强的现实解释力。

第三，整体来看，将行为理论引入企业内部业绩评价的研究中来，本身就是具有理论价值的，而从分析的对象、分析的过程以及分析的预期结论来看，基于行为理论的企业内部业绩评价研究有助于我国内部业绩评价理论和方法的完善。

1.1.2.2 应用价值

从实践的角度考察，国内外现有业绩评价系统实施效果的调查结果表明，目前的业绩评价系统并不令人满意。

从国外来看，根据管理会计协会（Institute of Management Accountants，IMA）的一项调查，80%的企业在此前的三年里对他们的业绩评价系统做了显著的改变，50%的企业正在改变，33%的企业进行了"一次重大的全面检修"。[①]与此同时，会计师们也认为，企业的业绩评价系统不能很好地支持管理目标。IMA 的调查显示，把本企业的业绩评价标准评价为"很差"或"不好"的会计（评价体系共分 6 个等级，"很差"和"不好"是最低的两个等级），其所占比例一直很高：1992 年为 35%，1993 年为 43%，1995 年为 38%，1996 年为 43%，1997 年为 34%，2000 年为 40%，2001 年为 33%。[②]

从国内来看，根据 2017 年北森公司的《中国企业绩效管理成熟度报告》，在涵盖近千家、涉及多个行业和不同规模大中型企业中，76%的企

---

① 马歇尔·W. 迈耶. 绩效测量反思——超越平衡计分卡 [M]. 姜文波，译. 北京：机械工业出版社，2005：161.

② 管理会计师协会，成本管理小组，《成本管理动态》第 32 期（1993 年 10 月）、第 49 期（1995 年 3 月）、第 64 期（1996 年 6 月）、第 74 期（1997 年 4 月）、第 105 期（2000 年 3 月）及第 115 期（2001 年 3 月）。

业依然在采用 KPI 的模式，而 33% 的企业管理者与员工按月进行目标回顾。同时，该报告也提到了 57% 的企业认为在绩效管理中投入的时间与回报不相符，表明绩效管理的效率和效果有待提高。此外，报告还强调了目标与日常工作有效结合的重要性，以及中国企业在绩效管理信息化方面的成熟度相对较低。只有 7% 的企业表示已经采用了效果良好的绩效系统。同时，目标与日常工作的有效结合也是企业面临的挑战，45% 的企业表示存在目标与日常工作脱节的问题。

业绩评价系统在国内外企业实施应用中的低满意度促使我们思考：当前流行的业绩评价系统与企业业绩之间是否具有直接的价值相关性？使用中的低满意度与系统对组织内员工的行为影响是否有关？业绩评价系统如何影响组织内不同层次的员工行为？行为后果如何进一步对业绩产生影响？这些问题的澄清将有助于探寻业绩评价系统应用低满意度的成因，提高企业实施内部业绩评价系统的效率和效果，从而有助于在实务中从根本上提升企业业绩。

1.2　研究的主要内容和研究框架

本书的研究主题为"企业内部业绩评价的行为影响"，其研究目的在于为当前内部业绩评价系统的有效实施提供个体心理和行为视角的解释和证据。组织由作为个体的人和正式的组织结构这两个基本的部分组成（阿基里斯，2007），组织业绩是个体行为在特定组织结构影响下的整合性结果。人及其行为方式的复杂性，使业绩评价系统设计之初的理性假设结论未必成立。系统越先进，由此产生的行为影响可能越复杂，系统实施与组织业绩之间的相关关系越发充满不确定性。随着卡普兰和诺顿提出平衡计分卡的理念和技术，越来越多的研究开始关注对综合业绩评价系统的构建，却很少有研究者对其应用与业绩后果之间的因果关系进行研究（Ittner, 1998）。虽然有研究对这一领域予以关注，但实证的研究结果并未对综合业绩评价系统与企业业绩之间的相关关系提供一致性的证明结论（Ittner et al., 2003; Davis & Albright, 2004; Chenhall, 2005; Hyvoenen, 2007）。究其根源，可能在于组织层面上的分析具有某种局限性（Covaleski et al., 2003），因为这种分析是基于对个体行为的假设，而不是基于详尽实际的调查结果。心理学的理论表明，认知机制和激励机制有可能解释综合业绩评价系统与管理业绩之间的关系。也就是说，一个综合的业绩评价系统是否能够在组织层面上带来企业业绩的提升，除了系统本身的设计原因和特定外部因素之外，还在很大程度上取决于组织内部的行为反应变量。为此，综合中西方关于企业内部业绩评价系统影响研究的现状和可能存在的问题，本书提出研究中所欲明确的三个主要问题：①当前的业绩评价系统如何影响组织内不同层次员工的行为？②该行为影响将如何进一步影响员工的个人业绩？③行为影响受哪些中间变量的调节？以上述三个问题为中心，本书进行了系统的理论构建和实证研究，其主要内容如下。

第1章"导论"提出研究问题、研究内容、研究思路和具体的研究方法。第2章"企业内部业绩评价的行为影响研究综述"是全书的基础，通过对中西方业绩评价发展历程、发展特征、研究特征的论述，明确了业绩评价行为影响研究的必要性，在此基础上，进行企业内部业绩评价的行为影响研究述评。第3章"企业内部业绩评价与行为影响的理论框架"界定了业绩、业绩评价、企业内部业绩评价的行为内涵，实现了企业内部业绩评价传统理论基础与行为分析理论基础的整合。第4章"内部业绩评价的行为影响模式及研究整体设计"是内部业绩评价行为影响研究的基本理论框架。该研究框架的建立，以一系列重要概念和关系的澄清为前提，通过确定行为影响变量、行为影响过程，最终建立了行为影响的指标和系统两种模式，用以指导后续的实证和探索性研究。针对本书的主体实证研究，本章在研究整体设计中确立了具体的行为影响变量、行为反应变量和业绩结果变量。第5章"评价指标多样性对基层员工行为影响的实证研究"是本书的主体，使用结构方程模型的分析方法，对激励计划中评价多样性水平的高低与基层员工行为反应之间的相关关系进行经验检验，其中，部分假设得到验证，部分假设未通过检验。第6章"内部业绩评价系统对管理层行为影响的探索性研究"是本书的探索性研究部分。本章以经验研究结论为基础，基于管理层的双重主体地位（业绩主体和评价主体），对综合业绩评价系统对管理层可能产生的双重行为影响进行探索性分析，从而为实务中业绩评价系统的构建提出警示和参考。第7章"结束语"主要对研究结论、研究中的局限和未来的研究方向进行了总结和展望。全书的研究思路和框架如图1-2所示。

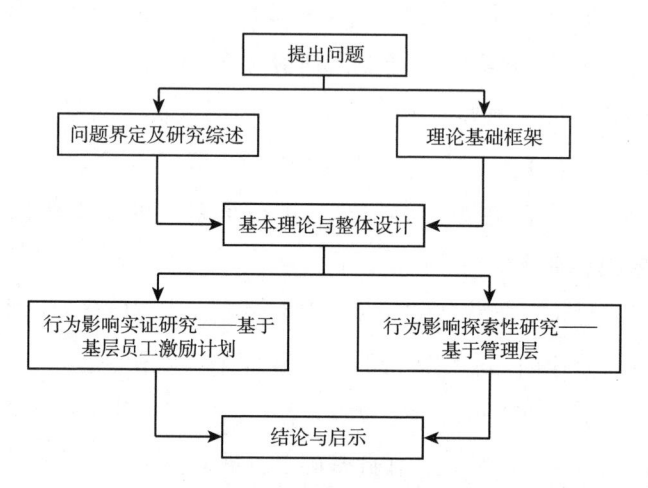

图1-2 内部业绩评价行为影响研究的思路与结构框架

1.3 研究方法

知识来自对理论所提出的假设进行不断的系统性检验。管理会计的研究方法经历了基于经济学的规范研究→基于经济学的实证研究→基于行为、组织、社会等理论的可选传统→基于实务的研究等几个有代表性的阶段之后，管理会计学科本身已经成为"软科学"的一个组成部分，其研究不能仅仅局限于技术层面，而必须同社会文化观相结合（余绪缨，1999）。

由于本书的研究主题同时涉及会计学的业绩评价和心理学的行为反应，研究对象性质上的差异，决定了研究方法使用上与传统会计研究的不同。综合来看，企业内部业绩评价的行为影响研究属于行为会计的研究范畴，因此，在规范研究的基础上，本书主要采用行为会计研究中普遍采用的调查研究（survey）和实地研究（field study）方法，通过问卷调查和档案数据分析获取研究中需要的原始数据。

行为会计研究的基础是会计的管理主义视角，它寻求对影响人的行为的变量的理解，以便可以设计出能够确保组织目标实现的控制系统（鲍勃·瑞安等，2004）。人的行为可以看成能够通过观察和计量而被加以分类和归纳的对象。行为研究属于心理学的研究领域，其实证研究方法有属于本学科的研究特征。由于行为影响中涉及对潜变量的测量，因此，本书采用了在心理学、教育学、社会学等学科中广泛使用的结构方程模型方法，先建立潜变量间的概念/理论模型，利用通过调查研究、档案研究获得的原始数据对潜变量进行测量，之后根据结构方程的模型原理进一步对理论模型进行拟合检验和模型修正。

总体来看，本书采用了规范研究和实证研究相结合的研究方法，以规范研究为主，在规范研究的理论基础上，进行实证数据的验证检验，最终回到规范研究的探索性理论构建，实现了规范与实证两种方法的有机结合。

本书使用的具体分析工具为 SPSS 以及 AMOS 统计软件包。

1.4　研究中的主要创新

本书针对企业内部业绩评价指标和业绩评价系统对组织内部管理层和基层员工可能产生的行为影响进行研究，与传统的业绩评价研究相比，其创新之处主要体现在以下几个方面。

第一，业绩评价的行为影响研究对管理会计研究主题有所创新。关于业绩评价的研究，会计学界一般更关注对企业整体层面的外部业绩评价研究；对于内部业绩评价，更多是将其作为管理控制过程的一个重要环节，进行业绩评价方法和指标体系的构建研究。虽然近年来西方有学者开始关注对业绩评价系统/非财务业绩指标的实施、应用与企业业绩之间因果关系的验证，但两者之间不确定或弱相关关系的研究结论，为探究业绩评价系统与企业业绩之间关系的影响变量提出了要求。本书主题正是基于这一研究背景，考虑到我国业绩评价研究水平与西方存在的差距，本书认为，我国对业绩评价问题的研究不应该仅仅局限于对西方所谓先进的业绩评价理论、方法和技术的引进，而必须在系统设计和实施之初，对其可能产生的内外部影响进行充分的分析和验证。其中，企业内部业绩评价的行为影响研究就是一个非常重要的主题。该主题克服了在组织层面上开展研究可能存在的逻辑跨越，从关于人及其行为的假设开始，依据员工主体真实的行为反馈，测量系统对个体可能产生的角色冲突或角色模糊影响，进而检验行为影响与个人业绩之间的相关关系。本书认为，该研究思路是从根本上提升企业业绩的有效途径。

第二，本书在业绩评价传统理论基础上整合了行为分析理论，形成整合的行为影响研究理论基础框架，并在此基础上构建了核心的基本理论框架，从而对业绩评价研究的理论基础进行了一定的创新。本书在委托—代理理论、利益相关者理论、预算理论、激励理论等业绩评价研究传统理论的基础上，构建了针对企业内部业绩评价系统进行行为影响研究的行为分析理论，并根据评价主体、评价客体、评价工具、评价结果反馈这一评价系统的构成要素将业绩评价的传统理论基础与行为分析理论基础整合为一个统一的理论基础框架。行为影响分析主要围绕业绩评价系统中不同层次的评价主体和评价客体展开，行为影响分析的对象主要为系统内的评价工具/评价指标。由此，关于企业内部业绩评价行为影响的统一的理论基础框架得以建立，其整合原理如图1-3所示。[①]

[①] 该整合框架图来源于本书第3章的分析结论。

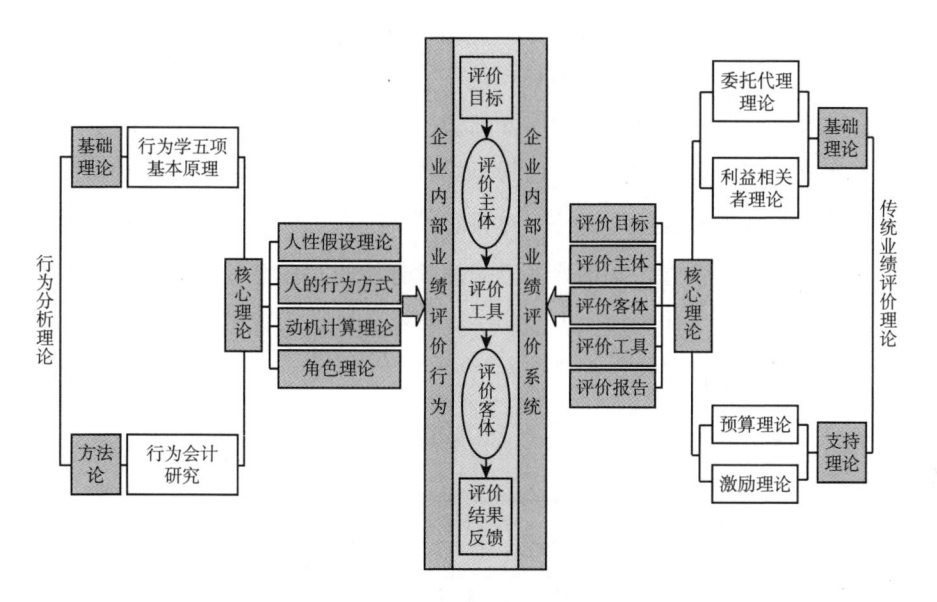

图 1-3　企业内部业绩评价行为影响研究的理论基础整合框架

第三，本书提出了企业内部业绩评价的行为过程模型。根据该模型，本书认为，企业内部业绩评价是企业内部的管理决策行为，是内部业绩评价主体对内部业绩评价客体（即业绩主体）过去行为的效率和/或效果进行量化及综合的价值判断，并在此基础上通过管理决策对业绩评价客体行为实施影响，从而引导业绩主体实现企业目标的行为过程。在行为过程模型的基础上并依托基础理论，本书建立了行为影响研究的基本理论框架，包括行为影响因素、行为影响路径、行为影响模式。本书整合了理论基础与基本理论的行为影响整合框架，如图 1-4 所示。①

第四，在行为会计研究范式下，本书采用了结构方程模型的方法进行经验检验，该方法在我国管理会计研究中的使用还并不多见，本书是一次系统研究的尝试。本书采用的研究方法属于行为会计的研究范畴。20 世纪 60 年代以后，当主流的新古典主义的研究方法在管理会计研究中遭到"理论与实践相脱节"的质疑时，行为会计研究开始在西方渐渐兴起。经

---

① 该整合框架图来源于本书第 4 章的分析结论。

过近半个世纪的发展，行为会计的研究方法已经被纳入西方管理会计研究的主流。然而，从我国目前的管理会计研究实践来看，行为会计研究的应用程度不高。因此，本书结合研究主题，使用行为会计研究中广泛采用的调查研究、实地研究方法，在取得原始数据的基础上，采用心理学研究中普遍使用的结构方程模型方法，对概念模型进行拟合、检验和修正。结构方程模型与问卷调查、实地研究方法的结合使用，在会计学研究中还并不多见，本书是系统使用以上方法的一次有益尝试，为我国未来管理会计的可选研究方法提供了可行的参考和借鉴。

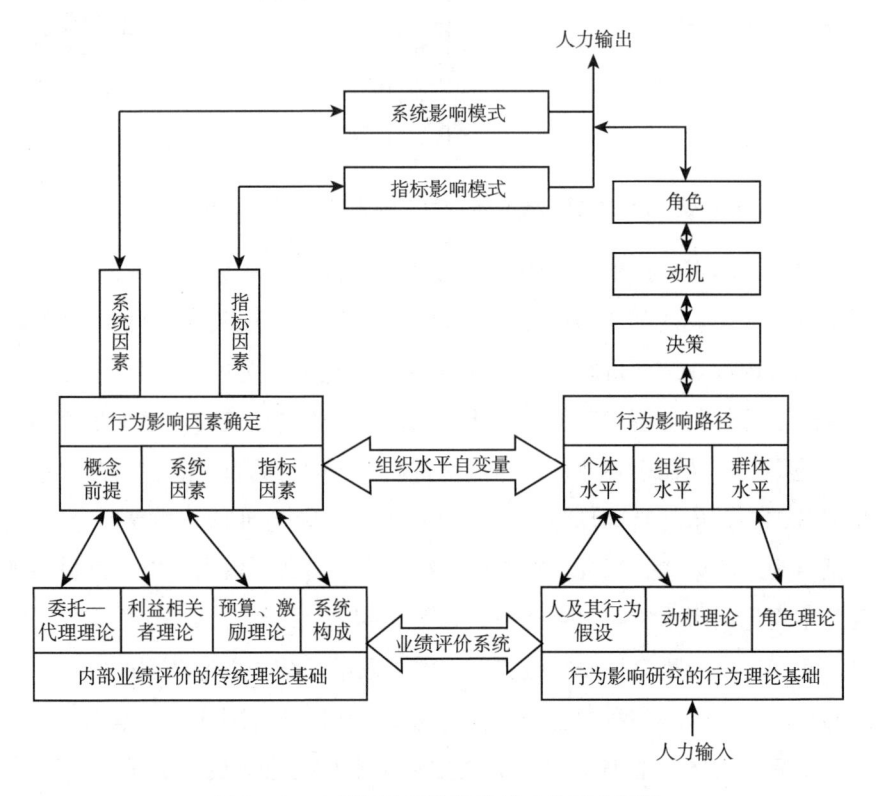

图1-4 业绩评价行为影响模式的整合框架

第 2 章

企业内部业绩评价的行为影响研究综述

业绩评价行为何以产生？是哪些因素推动了业绩评价理论和实务的不断发展？实务创新又如何进一步引导着相关研究的陆续深入？为了回答上述问题，本章对内部业绩评价的发展阶段、发展特征，研究现状、研究特征进行了系统梳理。在此基础上，对国内外相关主题的研究文献进行综述和评论。

2.1 内部业绩评价的发展与研究现状

本章以环境的变化为起点，以评价主体的演进为线索，以评价内容的发展变化为依据，对国内外业绩评价发展的不同阶段进行梳理，以明确当前业绩评价的发展及研究现状。

2.1.1 业绩评价的发展阶段

业绩评价的思想随着人类生产活动的产生而产生，并随着人类生产活动的发展而日益丰富，但现代意义上的业绩评价则是随着企业的出现而产生的（陈共荣和曾峻，2005）。

19世纪早期之前，几乎所有的交易都发生在企业主和企业以外的个人之间：原材料供应商、计件工人、顾客。"管理层级"和长期雇员根本不存在（约翰逊和卡普兰，2004）。因此，当大量的交易活动发生在企业外部，且企业大部分投资决策由外部利益集团制定时，财务会计系统这一官方的交易记录就能为企业经营效率和获利能力的评估提供充分的信息依据。服务于企业内部需求的管理会计尚未形成和发展起来，因此，严格意义上说，真正意义的企业内部业绩评价并不存在。直到19世纪初，多层次的企业组织出现，如军工企业、纺织企业等。这些企业的构成一致，都是在单一经济组织内完成多步骤产品生产，因此，为了反映多步骤生产效率的信息，有关内部生产的信息将取代过去仅仅从市场交易中获得的信息。同时，总厂需要建立一个信息系统以激励边远厂区的管理者、评价厂区管理者和工人的工作效率。由此，业绩评价进入以成本指标为基础的、对生产经营效率评价为目的的内部业绩评价阶段。

2.1.1.1 成本指标阶段——单一评价主体（19世纪初至20世纪初）

19世纪早期的企业组织特征是所有权与经营权的高度统一，企业主自觉自愿地管理企业，投资者是唯一的评价主体，评价目的是满足投资者自身生产管理的需要，主要业绩指标为成本指标，其发展经历了从简单的单位成本指标（如每码成本）到复杂的成本计算再到标准成本的过程。

在这一阶段的早期，成本会计的主要职能是为企业内部管理提供"准确"的产品成本度量。因此，这一时期的业绩评价指标主要就是成本指标，如每码成本、每磅成本、每公里成本等，这种业绩评价带有统计的性质。随着成本会计第一次革命和资本主义商品货币经济的产生，原有的以计算盈利为目的的将本求利的思想逐渐被如何提高生产效率，以便尽可能多地获取利润的思想所取代。简单的成本业绩评价已经越来越不能满足企业主的管理需要。于是，在人类早期的成本思想和简单成本业绩评价的基础上出现了较为复杂的成本计算和业绩评价。19世纪末，随着资本主义市场经济的进一步发展和竞争意识的增强，这种以事后成本分析计算为特征的较为复杂的成本会计核算与业绩评价制度已经不能满足资本家最大限度地攫取利润的要求。1903年，泰勒通过时间研究、动作研究对生产实行标准化管理，从而将标准成本、预算控制和差异分析等与标准化管理直接相联系的技术和方法引入会计。1911年，美国会计工作者哈瑞设计了最早的标准成本制度，实现了成本会计的第二次革命。到1925年左右，标准成本纳入复式簿记体系，正式形成标准成本会计，从而建立了以标准成本概念为核心的一系列成本控制方法。至此，成本会计不只是事后对产品生产成本和销售成本的计算，还形成了事先标准成本的制定，事中实际成本的控制。成本会计的职能扩大，管理会计的雏形形成。标准成本及差异分析制度的建立，为企业内部业绩评价提供了主要指标和方法。

2.1.1.2 财务指标阶段——二元评价主体（20世纪初至20世纪80年代）

进入20世纪以后，企业的发展速度加快，生产规模急剧扩大，资本市场和股份制的不断完善，促使现代公司制下的企业所有权与经营权分离。20世纪80年代以前，基于投资者与债权人利益的财务评价几乎是企业业绩评价的全部内容（孙永风和李垣，2004）。从评价主体来看，这一时期的业绩评价以外部评价为主，其目的是实现委托人与代理人之间的激励相容。

在这一阶段，管理会计从成本会计中分立出来，并从关注企业内部生产效率的成本控制发展为以追求企业经济效益为核心，为企业的最优经济决策提供依据，即从服务于管理的控制职能向服务于管理的决策职能转变，从服务于成本的最低化向服务于利润的最大化转变。为了完成委托人对代理人的激励和约束，财务业绩指标受到广泛重视，并经历了从销售利润率到投资报酬率的发展，其中，最具代表性的是杜邦业绩评价体系。

1903年，杜邦公司高层管理者为协调垂直式综合性企业的多种经营部门的有效资源配置问题，实现利润最大化，创造了大量的经营管理方法，设计出多个重要的业绩评价指标。其中，影响最大、使用时间最长的是投资报酬率。该指标为评价企业整体业绩和部门业绩提供了依据。以投资回报率为核心的业绩评价体系称为杜邦财务分析法，该方法是运用会计利润指标分析评价的典型方法，它摆脱了指标的表面比较，通过分解净资产收益率，对各财务指标的计算与构成进行了深入、细致的分析，全面评价了经营者在盈利、运营和风险管理三个方面的业绩。但是，由于财务报表的编制具有相当的弹性，不可能提供绝对客观的信息，会计利润没有考虑权益资本成本，也没有考虑企业对资产价值的时间因素和风险因素，加上会计收益片面强调利润容易造成企业经营管理者追求短期效益而牺牲企业长远利益的短期行为。因此，理论界认为，杜邦财务分析法并非评价企业业绩的理想方法。

2.1.1.3 战略综合指标阶段——多元评价主体（20世纪90年代以后）

20世纪90年代以后，企业环境剧烈变化，企业理论的发展，使业绩评价主体扩展到包括股东、债权人、管理者、员工、供应商、消费者、政府等利益相关者在内的多元评价主体。企业不再仅仅是物质资本和财务资本所有者的企业，各要素所有者都是企业价值创造的来源，因此都有评价企业业绩的内在要求。业绩评价行为因此而呈现出层次性的特征。[①]内外部业绩评价正在逐渐走向综合。以战略为导向的创新业绩评价方法层出不穷，其中，较有代表性的是业绩金字塔、经济增加值、平衡计分卡、业绩三棱柱等。

1991年，林奇和克劳斯（Lynch & Cross）提出业绩金字塔（performance pyramid）理论。业绩金字塔评价体系如图2-1所示。从图2-1中等级式的循环运动过程可以看出，业绩金字塔显示了战略目标在组织中自上而下的多级瀑布式分解过程，以及度量和评价指标在组织中自下而上的逐级累加过程。业绩金字塔强调企业战略的重要性，反映出业绩目标与业绩指标

[①] 根据陈共荣和曾峻（2005）的分析，外部利益相关者处于第一层次，经营者对企业业绩的评价处在第二层次，员工出于对自身利益的考虑也要评价企业，属于第三层次。

之间的传递关系。虽然业绩金字塔在理论上比较完善，但实际的应用性并不太强。

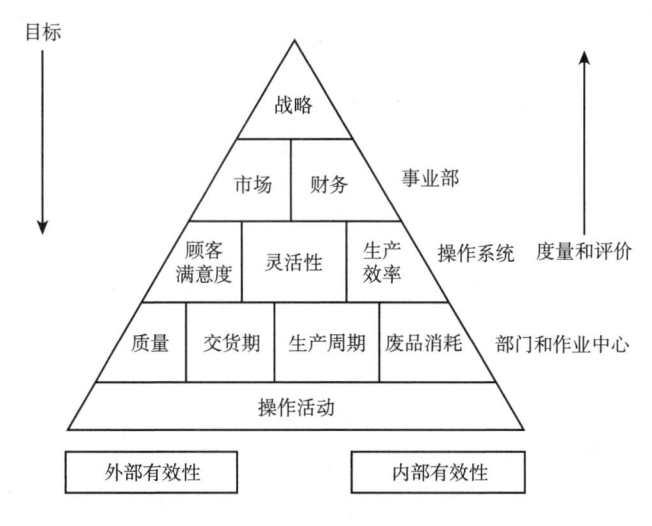

图 2-1　业绩金字塔

资料来源：李晓梅．企业战略业绩评价研究［M］．北京：中国财政经济出版社，2008．

随着股东价值观念的兴起，经济（价值）指标被建立起来。1990年，美国的斯特恩·斯图尔特咨询公司（Stern Stewart & Company）提出了经济增加值（economic value added，EVA）指标评价。EVA 指标建立在对剩余收益进行改造的基础之上（"剩余收益"的业绩评价方法由日本松下公司于20世纪30年代创立），反映了一定时期企业或企业业务部门的资本收益与投资成本的差额。该指标对会计信息进行调整以消除会计失真，调整的目的在于真实反映企业为创造价值而投入的全部资本的贡献和所投入的全部资本的成本，因而能够更加真实地反映企业的业绩。而且，该指标设计着眼于企业的长期发展，有利于企业经营者和管理者从公司的长期利益出发作出有益于股东价值最大化的决策。更为重要的是，应用 EVA 指标评价经营者或企业业务部门业绩，能够建立有效的激励报酬系统，这种系统通过将企业经营管理者的报酬与以增加股东财富为衡量目的的 EVA 指标挂钩，使经营管理者行为得到正确的引导，从而有利于企业的长期发展和企业资本的增值。

1992年,罗伯特·卡普兰和戴维·诺顿(Robert S. Kaplan & David P. Norton)提出平衡计分卡(balanced score card,BSC)理论。平衡计分卡以企业战略为导向,以管理为核心,以各方面的相互影响、相互渗透为原则,建立起了一个网络式的业绩评价系统。该系统从四个方面对企业业绩进行度量,包括财务视角(利润、运营收入、投资回报率以及经济增加值等)、顾客视角(顾客满意度、顾客回报时间、市场份额以及顾客利润等)、内部过程视角(包括产品设计、产品开发、收购服务、生产效率、产品质量等)以及学习与成长视角(雇员能力、组织适应变化的能力等)。这四个视角相互影响,相互作用,共同服务于公司远景和战略。从优势上来看,平衡计分卡平衡了企业的长期目标和短期目标、外部计量和内部计量、预期业绩和业绩动因、硬性客观指标和柔性主观指标等诸多要素,是一种全方位、长期化、全员化的业绩评价方法。平衡计分卡使得财务计量与非财务计量融为一体,共同成为企业信息系统的组成部分。非财务指标的引入,弥补了传统业绩评价导致的短期行为,有利于实现企业长远利益的最大化。但平衡计分卡也并非十全十美,批评者认为平衡计分卡从不同方面关注了客户、员工等利益相关者的利益,但忽略了通过利益相关者分析来认识企业经营目标和发展战略。此外,平衡计分卡忽略了其他利益相关者如供应商、定规者、压力集团以及当地社团的重要性。更为重要的是,平衡计分卡的缺陷还表现在与业绩奖惩的关系上,企业往往很犹豫是否应该把计分卡与薪酬挂钩,因为他们必须要确信他们在计分卡中使用了正确的测量标准。作为一种调节手段,薪酬的影响非常强烈,因此,在把平衡计分卡与薪酬挂钩之前,企业必须自信找到了正确的标准和支持这些标准的可靠数据。批评者认为,平衡计分卡仍然没有解决薪酬的难题。换言之,绩效测量的根本问题仍然没有解决,平衡计分卡从一个业绩评价系统演化成了面向新的战略管理体系的组织架构和经营系统。任何事物都具有两面性,无论如何平衡计分卡的提出,使基于该系统的综合业绩评价、主观业绩评价、相对业绩评价问题的研究至今仍是中西方理论界的热点（Ittner et al., 2003；Lipe & Salterio, 2000, Matanovic et al., 2020；叶陈毅等，2021）。

为进一步完善业绩评价系统，安迪·尼利（Andy Neely）等于2002年提出了业绩三棱柱（performance prism）的评价模型框架。该框架从利益相关者的满意度和贡献角度来考虑目标和战略，提出对整个经营过程的改进要求，是一种最为综合的业绩评价模式。它包括相互关联的五个方面：第一，利益相关者的满意度（谁是企业的利益相关者？他们的愿望和要求是什么？）。第二，利益相关者的贡献（企业要从利益相关者那里获得什么？）。第三，战略（企业应该采用什么战略来满足利益相关者的需求，并同时满足企业自身的需要？）。第四，流程（企业需要什么样的流程才能执行战略？）。第五，能力（企业需要具备何种能力来运作这些流程?）。这五个方面为考察组织的管理业绩提供了全面的综合框架。尽管业绩评价系统设计的目标随环境而改变，业绩评价的指标体系也不断丰富完善，但面对业绩评价指标的泛滥和业绩评价的根本性问题，即我们是否能够精确地测量企业的业绩，企业业绩的评价问题仍然充满挑战。

与西方国家业绩评价产生和发展的背景不同，我国的业绩评价体系是随着经济体制改革和国有企业改革的渐进而发展起来的。业绩评价强调国家的评价主体地位，评价的主要目的是加强对国有资产的管理与控制，评价中表现出较强的政策性，是一种企业外部利益相关者评价。我国业绩评价的发展过程主要经历了以下四个阶段：中华人民共和国成立后至20世纪70年代的计划管理与考核时期，主要以考核实物产量为核心；改革开放后的放权让利时期，以产值和利润为主要考核内容；20世纪90年代以后的现代企业制度建设时期，开始探索建立以投资报酬率为核心的企业业绩评价方法体系；20世纪90年代后期至今，是借鉴国外经验建立科学评价体系的时期，以1999年《国有资本金效绩评价规则》的出台为标志。

综观中西方业绩评价的发展历程不难看到，西方的业绩评价理论隐含着管理控制的内部决策目标，而我国业绩评价的主要目的更偏重考核而不是管理决策本身。在我国，以内部管理控制为核心的业绩评价体系的建立，尚缺乏符合我国企业实际情况的理论支撑和实践支持，企业内部业绩评价仍然是我国当前比较薄弱的研究领域之一。

2.1.2 业绩评价的发展特征

中西方业绩评价的发展历程表明，业绩评价是一种变动不居的多层次主体行为。环境变迁是推动业绩评价理论发展和实践创新的根本动力；企业理论、管理理论等基础理论的发展促成了多层次业绩评价主体的形成，而多层次评价主体评价目的的异质性，又直接决定了内、外部业绩评价主体在评价内容上的差异。为了平衡企业各方利益相关者的不同需求，实现企业价值最大化目标，一种具有综合性、战略性、系统性特征的业绩评价模式被不断创新和发展起来。综合外部环境、理论基础、控制模式等多种影响业绩评价演进的发展因素，本章以西方业绩评价的发展阶段为基础，将业绩评价的发展特征归纳列示如表 2-1 所示。

表 2-1　　　　　业绩评价的发展阶段与发展特征

主要特征项目		成本指标阶段 (19世纪初至20世纪初)	财务指标阶段 (20世纪初至80年代)	战略综合指标阶段 (20世纪90年代以后)
不同阶段业绩评价要素特征	评价主体	投资者 (单一主体)	投资者、债权人 (二元主体)	利益相关者 (多元主体)
	评价目的	满足生产管理的效率需要	满足经营管理的激励相容	满足战略管理的价值增值
	评价客体（范围）	经营成果	经营成果、经营过程	价值创造过程
	评价目标	利润最大化	股东财富最大化	企业价值最大化
	评价指标	简单的单位成本指标（如每码成本）→复杂成本计算→标准成本	销售利润率→投资报酬率	财务指标、非财务指标
	典型方法	尚未形成	杜邦分析法	BSC、EVA、业绩三棱柱

续表

主要特征项目		成本指标阶段 （19世纪初至20世纪初）	财务指标阶段 （20世纪初至80年代）	战略综合指标阶段 （20世纪90年代以后）
理论基础特征	委托—代理关系	不存在	直接的委托代理关系	间接的委托代理关系
	管理理论	古典管理理论：科学管理、一般管理、古典组织理论	现代管理理论：行为科学、系统、权变理论	当代管理理论：战略管理理论、企业文化理论
	关于人的假设	经济人	社会人、自我实现人	复杂人
	企业组织结构	直线制	直线制、职能制、事业部制	团队，等级结构扁平化
外部环境特征		"4S"： 静态（static） 单一（single） 简单（simple） 安全（safe）	渐变进入"4D"： 动态（dynamic） 多样（diverse） 困难（difficult） 危险（dangerous）	"3C"： 竞争加剧（competition）、社会环境变化（change）、客户需求多样化、个性化（customization），经济全球化、知识经济
管理控制模式特征		封闭—理性	封闭—自然 开放—理性	开放—自然
业绩评价模式特征		内部评价为主	外部评价为主	内、外部综合评价

2.1.3 内部业绩评价的研究现状与研究特征

伊特纳和拉克尔（Ittner & Larcker，1998）总结了业绩评价研究中的三种趋势：第一，对经济价值指标（economic value measures）的关注。第二，对非财务业绩评价指标和平衡计分卡使用的关注。第三，对政府等非营利性组织业绩评价问题的关注。此三种趋势中的前两种表明了理论界对业绩评价问题的研究重心：关注业绩评价系统的构建或者说关注业绩评价指标的选择，强调业绩评价模式在变化环境中的不断创新和改进。这一趋势仍然体现在目前的主流研究课题中。

我国对业绩评价问题的研究起步相对较晚，对内部业绩评价问题的研究尤其欠缺。研究中有一类是介绍性的，对国外业绩评价的研究成果进行引进和综述。但从整体上来看，中西方对业绩评价问题的研究重点是统一的，即业绩评价系统的构建。这种构建以尽可能科学、全面、准确地反映并提升企业业绩为目的，而且，这种构建研究充分体现出当前会计学对业绩评价问题的研究特征。

（1）以组织整体业绩为基础的构建。无论是成本指标、财务指标还是以战略为中心的综合指标，企业通过业绩评价系统构建，形成的业绩指标体系均反映企业作为一个整体的业绩，如表现为财务指标的投资回报率、表现为非财务指标的客户满意度等，这些指标都是对组织整体业绩的衡量。但类似于经济学中的企业"黑箱"，企业整体的业绩指标如何在企业内部向部门及个人进行分解、如何实现企业与个体业绩的连接，这是一个非常重要的问题。

（2）自上而下的构建。作为一种模型的构建，企业内部业绩评价系统的建立是自上而下的，这种自上而下的特征可以体现为以下两个方面。

第一，方法论上的自上而下。传统社会科学的研究思路一般都是自上而下的。例如，在经济学的研究中，假设一个代表性的厂商、代表性的家庭，通过他们在经济体中的行为来构建模型。这种自上而下的研究并没有假设每一个家庭的具体行为，而是从一个有代表性的家庭总体的角度来研究家庭的消费或储蓄，因此称为自上而下。对企业内部业绩评价系统的构建也是如此，业绩评价系统并没有考察企业中的人以及人与人之间的关系，而是将企业作为一个有代表性的整体进行业绩评价系统的构建，这种构建从方法论的角度来看具有自上而下的特征。

第二，流程上的自上而下。业绩金字塔从理论上充分说明了企业内部业绩评价系统在构建流程上的自上而下。通过将企业战略自上而下的逐层分解、细化，使战略经由"制定→传递→执行"的程序逐步落实到最下端的操作层，这种自上而下的流程是不可逆的。

（3）综合的构建。以利益相关者理论为基础，企业业绩评价已经将内部业绩评价和外部业绩评价进行了综合，评价目的主要取决于评价者的不同需求。在评价内容上，业绩评价指标逐渐由单一走向综合，由财务走向非财务，由简单走向复杂，这种业绩评价指标的多样性（diversity）正是系统构建综合性特征的集中体现。

2.1.4 内部业绩评价行为影响研究的必要性

企业内部业绩评价的研究现状与研究特征反映出被当前主流业绩评价研究思想忽略的问题和方向，这些问题所指示的方向表明，业绩评价的行为影响研究是必须和必要的。

(1) 对业绩评价系统中人的因素重视不够。业绩评价不仅是一种方法和技术，还是一个收集和传递信息的系统。企业内部业绩评价系统以其特有的信息和导向功能影响着组织内部各层级的业绩主体。根据组织行为学的理论，员工满意度是影响员工行为的重要因素之一。因此，研究业绩评价系统是否影响，以及如何影响企业员工的工作满意程度，成为引导员工行为、提升企业业绩的一个根本途径。这也是行为会计研究的一个重要方向。

(2) 对业绩评价系统实施的影响后果重视不够。对于企业整体来说，业绩评价系统的实施表现为对企业经济后果的影响；对于员工个体来说，业绩评价系统的实施表现为对其自身行为结果的影响。有研究者指出，行为研究能够在某种程度上弥补直接研究系统运行与业绩后果之间关系的逻辑跳跃，从而为企业业绩改善寻找新的出路。而从影响方式上来看，系统是自下而上地发挥其行为影响作用的，即从最具体、最直接的作业指标对操作主体的影响开始，逐渐向上影响管理业绩，进而影响组织战略的实施，并最终影响组织业绩的实现。这种基于主体的自下而上的行为影响研究目前在会计学中还并未系统地展开，也就是导论中"图1-1 企业内部业绩评价研究的封闭回路系统"中的第二个阶段——系统的行为反馈研究。这一研究思路还没有引起理论研究足够的重视。只有构建而没有反馈的系统是无法评价系统效果的。系统建立的自上而下与系统影响的自下而上形成鲜明对比，并共同构成了研究中不可或缺的两个方向。详细对比如图2-2所示。

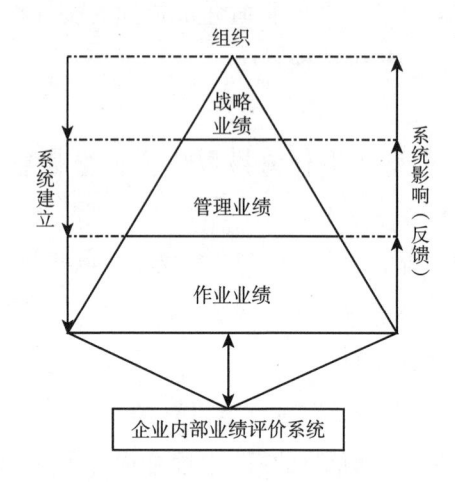

图 2-2　企业内部业绩评价系统的建立与反馈路径

2.2　内部业绩评价的行为影响研究综述

　　以上在企业内部业绩评价研究特征分析中显现出来的问题，已经引起了会计学界的关注和研究的兴趣。将内部业绩评价的行为影响分析纳入会计学研究的尝试，始于西方。相比较而言，我国的研究起步较晚，且成果相对较少，业绩评价的行为分析在我国还是一个比较年轻的领域，需要在吸收、借鉴现有研究成果的基础上，进行符合我国文化和制度特征的行为分析模式构建。本节从国外和国内两个视角对与内部业绩评价行为影响研究有关的文献进行归纳、综述和评价。

2.2.1　国外研究文献综述

　　对企业内部业绩评价行为影响的文献综述，不能脱离西方行为会计研究的整体背景。因此，本部分对行为会计研究在西方的发展状况以及业绩评价在行为会计研究中的地位进行概括性介绍。

2.2.1.1 行为影响研究的背景综述——行为会计

对企业内部业绩评价系统进行组织内部的行为影响、行为反馈分析，这一课题属于行为会计的研究范畴。行为会计研究在我国起步较晚，因此，对国外的行为会计研究现状进行概括和梳理，有助于构建我国内部业绩评价行为影响研究的思路和框架。

行为会计将心理学、社会学、经济学、政治学、组织行为学、人类文化学等领域的相关概念、方法和原理引进到会计领域，通过考虑人的行为同会计信息系统之间的相互关系，研究会计主体的行为特征和规律，预测、控制和引导其行为。行为会计超越了传统会计的确认、计量、记录和报告财务信息的职能范围，是将会计学、行为科学、心理学等学科相互融合的边缘产物。关于行为会计的定义有多种不同的观点，较有代表性的是1989年加里·西格（Gary Siege）在《行为会计》中的阐述，即行为会计是阐述会计系统与人类行为之间关系的一种研究范式。行为会计研究人类行为与有效会计信息系统的设计、建立和使用之间的关系。基于对人类行为与有效会计系统之间关系的考虑，行为会计反映一个组织的社会维度。因此，行为会计的研究结论为会计人员报告的财务会计信息提供了必要补充。[①]

行为会计研究始于1952年阿基里斯的《预算对人们影响》。伯恩伯格和希尔兹（Birnberg & Shields，1989）将"行为会计"一词出现的最早时间追溯至1967年，并将行为会计的研究范围划分为以下五大领域：①管理控制（managerial control）；②会计信息处理（accounting information processing）；③会计信息系统设计（accounting information system design）；④审计过程研究（auditing process research）；⑤组织社会学（organizational sociology）。其中，管理控制系统领域的研究主要关注控制系统设计对员工和组织的作用，具体分析参与、领导风格和回馈作用等问题。企业内部业绩评价的行为影响研究就属于这一领域。会计信息处理的研究包含了对不

---

① 韩永斌. 行为会计研究范式的兴起与演进 [J]. 财会通讯，2005 (7)：75–78.

同信息输入所产生的结果的研究和对整个决策制定过程的研究。会计信息系统设计研究是指对会计信息系统设计的整体进行概括性的研究，而不是研究会计信息系统的一个特定变化，否则应该归于会计信息处理研究领域。审计研究领域包括政策获取、概率判断和事先决策行为三个方面的研究，中心焦点在于对审计人员的专业性研究。组织社会学领域的研究关注的问题非常广泛，包括环境对组织会计系统的影响、推动会计信息系统变化的力量因素和组织中会计人员所发挥的作用等。在以上五大领域中，最集中的三大核心研究领域是管理控制、会计信息处理和审计过程研究。

将行为会计研究对应于企业内部业绩评价发展的不同阶段，并筛选与内部业绩评价问题相关的管理控制领域研究成果，我们发现，在"成本指标阶段"，真正意义上的行为会计研究还没有开始。西方学者认为，在这一阶段，并没有太多的证据表明行为会计问题是重要的（Birnberg & Shields, 1989）。

20世纪50年代由财务高管协会（Financial Executives Institute, FEI）发起的两项研究，代表了当时管理会计研究的两个主流方向。其中，以西蒙等的研究为代表（Simon et al., 1954），关注对控制功能的报告，如计分卡、特殊决策制定职能等；以阿基里斯为代表（Argyris, 1952），关注员工对计分卡等系统的行为反馈，行为会计研究的序幕由此掀开。对西方管理会计的研究历史进行回顾，值得我国学术界重视的是，西方对系统构建与系统影响的研究是同步进行的，作为同一个问题的两个方面，构建与影响的同步研究值得我国在理论研究中学习和借鉴。

直至20世纪60年代，行为会计在管理控制领域的研究主要围绕预算与行为之间的关系展开。较有代表性的研究结论如下。

（1）阿基里斯（1952）对传统X-理论关于员工假设的观点提出疑问，并倡导麦格雷戈（McGregor）的Y-理论，认为员工更倾向于对使工作环境更加愉快的非货币性刺激作出反应。他证明了一些用预算给工人和管理者施加压力的例子（尤其是一线监管人员），认为这样的结果就是一线管理者与会计师之间存在普遍的敌意和冲突。

(2) 西蒙等 (1954) 对正式评价控制系统中人的方面进行研究。西蒙指出，预算以及预算过程 (budgeting processes) 可以与一些重要的人际关系问题相关，这些问题包括工人与管理层的分立 (worker-management separation)、跨部门冲突 (cross-boundary conflict) 和工作紧张 (job-related tension) 等。这在本质上与传统管理理论中对业绩的纯技术性 (机械) 的评价方法相背离 (Taylor, 1911; Chandler, 1962; Anthony, 1965)。

(3) 斯特德里 (Sterdry, 1960)、贝克尔和格林 (Becker & Green, 1962) 等学者的研究表明，管理人员或员工的"参与" (participation) 在预算执行中具有重要的作用。早期的研究关注"参与"在实现目标一致性方面的积极影响，或者关注由于组织采纳"参与"而导致的经理人员懈怠 (slack) 的消极影响，这种研究多是基于目标设定而研究预算的另一个视角。

20 世纪 60 年代末至 70 年代，更多学者开始注意到管理控制系统运行的行为性结果，并开始关注企业的内部环境，尤其是人的因素对管理控制系统的影响。这一时期的预算控制及其行为性结果的研究结论表明：由于人的有限理性和机会主义倾向，如果在设置预算标准时不考虑管理者或者员工的特性、能力和态度等因素，就会导致管理控制目标的失败。此外，与业绩评价结果密切相关的激励问题，也受到了行为分析学者的重点关注。激励机制将直接导致管理者或员工行为的改变，在委托—代理理论产生之前，激励机制的设计曾是一个最大的难题，委托—代理模型建立之后，随着信息不对称、道德风险等问题的相继显现，企业在对经理人员和员工业绩进行评价的过程中，激励仍然是个复杂而核心的问题。因此，对激励机制的行为影响分析，也成为行为分析学者们普遍关注的话题。

20 世纪 70 年代以后，行为会计研究中对人的因素的关注程度进一步加强，如领导者风格 (Robert J. Swieringa & Robert H. Moncur, 1972)、个体差异、预期等因素被纳入分析框架。霍普伍德 (Hopwood, 1972, 1973) 建立了一个员工对"业绩评价类型"的感受模型，从而预言了多种未预期的行为后果：如工作紧张和功能性障碍的决策制定（dysfunctional decision making）等。霍普伍德同时指出，这些行为将对组织的长期业绩产生负面影响（Hopwood，1973）。其后，关于该模型的证明变得越来越复杂且并未形成共识的观点（Otley，1978；Kenis，1979；Govindarajan，1984，1988；Imoisili，1989；Harrison，1992；Brownell，1982；Briers & Hirst，1990；Vagneur，1995；Otley et al.，1996）。与此同时，对预算的行为影响研究也在继续深入（Parker, Ferris & Otley，1989；Vagneur & Peiperl，2000；Hartmann & Maas，2010）。综合来看，在企业内部业绩评价发展的"财务指标阶段"，管理控制领域的行为研究主要集中于"预算影响""参与""业绩评价的功能性障碍后果"等问题。业绩评价的行为分析研究逐渐受到理论和实务界的重视。

20世纪90年代以后，随着非财务评价指标在企业评价系统中的应用，实验研究方法开始应用于行为会计领域，主观业绩评价、相对业绩评价、战略业绩评价的多视角行为关联影响研究逐步展开。例如，业绩评价指标多样化对管理者和员工的行为影响，研究的重点集中表现为对"团队""参与""财务与非财务指标""激励的作用""启发式认知偏向"等问题的探讨和经验检验（Ghosh & Lusch，2000；Birnberg；2000；Naranjo-Gil et al.，2012）。

2.2.1.2　企业内部业绩评价的行为影响研究综述

企业内部业绩评价呈现系统性和综合性特征。这一特征表明，对业绩评价系统的研究不可能孤立进行，而必须同时对预算系统、激励系统等与业绩评价系统紧密相关的支持系统进行综合考察。前述背景综述中介绍了预算与行为之间的相互关系，这些研究结论同样适用于内部业绩评价系统的行为影响研究。因为现代企业普遍采用预算作为业绩评价标准，与其他的业绩评价和激励标准相比，预算指标可以将评价客体的劳动报酬与一个具体的预算目标挂钩，使员工的收益与企业实际产出相联系，进而使代理人与委托人的效用函数保持一致。所以，预算制定在国外激励性的管理研究与实务中都具有十分重要的作用（Henderson，2000；Murphy，2001；

Atkinson et al.，2001）。如果将预算作为业绩评价标准的一种常用、有效方式，那么，对预算的行为影响研究也就成为内部业绩评价系统行为影响研究的重要组成部分。

除此之外，本书一直强调的观点是，业绩评价的指标体系是企业内部业绩评价系统的核心，因此，业绩评价指标对组织内个体的行为影响以及指标与组织业绩之间的关系研究将成为本部分综述分析的重心。

西方对业绩评价指标体系的行为影响研究可以归纳为两个方向（即指标与行为之间的双向影响）：一个方向是业绩评价的指标体系对行为的影响，早期的研究可以概括为关于功能性障碍行为的研究，近期的研究则开始关注业绩评价指标多样性对各层级员工的行为影响以及与业绩之间的相互关系；另一个方向是考察员工行为对业绩评价指标体系的反作用，即由于人性以及业绩评价指标与真实业绩之间的偏差而产生的业绩评价指标体系的失效问题。这两个方面的行为影响研究可以概括为以下三个问题。

（1）功能性障碍行为（dysfunctional behavior）。

"功能性障碍"通常用来表示对组织目标的不利性。在不同的经济或激励机制下，多种原因都将导致功能性障碍后果（dysfunctional consequence），尤其以业绩评价指标设置不当而导致的功能性障碍行为的实例和研究居多。

绝大多数组织的行为都是复杂、多维、且彼此交织的，这种状况使得企业的业绩评价问题困难重重、难于掌控。尽管如此，经营中各类型的组织仍然热衷于业绩评价体系的建立。从文献回顾来看，现有的大量研究也多集中于如何构建业绩评价系统、如何设计业绩评价指标，以实现对组织的控制，提高效率，增强企业竞争力以及企业内部行为的透明度。

业绩评价体系构建较有代表性的研究思路是，从控制论的视角来研究组织。在这样的组织中，组织目标是确定的，充分定义且达成共识。如果完成组织目标失败，则需要修正行为或重建目标。这种研究与简单的组织"中心加热模型"（central heating model）是一致的。但事实上，组织并非确定的系统，正如阿基里斯（1952，1953）和霍普伍德（Hopwood，

1973）所指出的，现实中的组织是由充满了错误定义和彼此交织的人类行为构成的复杂的实体，而且，组织（人类）的首要因素就是人的智能，人类的智力使其可能从自利的角度操纵评价系统，因此，在现有的业绩管理文献中，有强调对业绩评价指标的功能性障碍后果的研究（Ezzamel & Hart, 1987）。

伯恩伯格等（Birnberg et al., 1983）、史密斯（Smith, 1995）、萨沙·马塔诺维奇等（Sascha Matanovic et al., 2020）曾做研究详细探讨以下类型的功能性障碍后果：误解（misinterpretation）、博弈（gaming）、僵化（ossification）、隧道观念（tunnel vision）、短视（myopia）、误报（misrepresentation）、评价定式（measure fixation）以及偏见（bias）等。

（2）评价多样性（measurement diversity）。

根据默尔斯（Moers, 2005）的定义，评价多样性是指以激励为目的对多个业绩指标的使用。在实务中，组织通常使用多于一个业绩指标的方式来实现业绩评价和激励中的评价多样性，这些指标包括财务指标和非财务指标，多个业绩指标通过不同的权重进行平衡（Datar et al., 2001）。

随着企业环境的变迁，管理理论的创新以及管理技术的不断发展，在现代企业中使用多重指标对企业业绩进行内部评价和激励已经成为一种普遍的事实。但是，多重指标的采纳是否一定会带来业绩的提高，仍然没有确定答案。考察指标与行为之间影响关系的最终目的也是要找到多重指标与业绩之间的关系，因此，指标与行为之间影响研究的一个判定性变量就是业绩。尽管当前有相当广泛的文献对这一问题进行了研究，但是关于这一议题，理论界的研究结论并没有提供一个清晰、统一的结果。有些研究结论是正面的，认为非财务业绩评价指标弥补了财务指标向后看、滞后性、易被操纵的缺点（Kaplan & Atkinson, 1998），这种财务与非财务相结合的多指标业绩评价体系和激励系统有助于企业业绩的提高；而负面的研究结论则认为，财务与非财务指标的结合会导致评价偏见（evaluation biases）的产生（Ittner et al., 2003; Lipe & Salterio, 2000; Moers, 2005）。此外，还有证据从成本的角度论证建立一个基于多指标的业绩评价系统是非常昂贵、复杂和麻烦的（Towers Perin，1996）。由于多重业绩指标的使用会产生多方面的影响，因此，对多重指标与业绩之间关系的研究会产生冲突性的结论也就不足为奇了（Banker et al.，2000；Ittner et al.，2003）。对具体到某一个层次主体的多重指标的行为影响研究的文献并不太多，以下区分为四组分别进行综述。

第一组，探讨当前的业绩评价系统如何在组织的层面上影响业绩结果。一般来说，"当前的"是指采用先进的管理技术对业绩进行评价和激励的业绩评价系统，如平衡计分卡、战略业绩评价系统等（Langfield-smith，1997）。例如，陈霍尔（Chenhall，2005）检验了整合的业绩评价系统（integrative performance measurement systems）对业绩的影响。基于在澳大利亚的一项调查研究，陈霍尔得到了业绩评价系统报告中所反映的信息整合程度，这项调查是通过一组涉及业绩评价指标的多选问卷得到的（如指标的正规性、评价的视角、战略相关性、长期导向性等）。研究结论部分支持了评价多样性与组织业绩之间的直接相关性。海沃宁（Hyvoenen，2007）分析了以顾客为导向的企业战略下，业绩指标与组织业绩之间的关系。她区分了包括平衡计分卡在内的当前业绩评价方法与只包含财务指标的以财务会计技术为基础的评价方法，其研究结果表明，强调多指标的当前业绩评价方法并未显著影响组织业绩。此外，还有研究直接针对平衡计分卡的使用效果进行。戴维斯和奥尔布赖特（Davis & Albright，2004）调查了平衡计分卡的实施对财务业绩的影响。通过美国一地区银行的内部数据，作者对基于多指标的新的业绩评价系统的执行情况进行分析，在实施平衡计分卡后，他们发现了系统实施与财务业绩改善之间的统计相关性。伊特纳等（Ittner et al.，2003）检验了平衡计分卡的使用与业绩之间的直接相关性。伊特纳等的数据来自对金融服务公司的调查，作者将平衡计分卡的使用者与非使用者区分开来，结果发现使用更广泛的财务和（尤其是）非财务业绩指标的公司，比拥有相似战略或价值驱动因素的公司具有更高的系统满意和股票市场的回报。这组研究解释了多指标与业绩之间的关系。但是由于这组研究针对的是业绩评价系统的整体特征，并非依赖于特定的多指标体系本身，因此，这种研究方法更多地强调了评价要素的复杂性,但是却没有解决单一的行为影响问题。此外,这种整体上的研究结果表明,多个指标对组织业绩影响的相互消长作用,使业绩评价系统与组织业绩之间的关系并不确定,其研究结论缺乏说服性和一般性。因此,这种研究存在一定的局限,不适宜在行为的层面上展开具体分析。

第二组,分析以激励为目的采用多种业绩指标所具有的业绩含义。斯科特和蒂森(Scott & Tiessen,1999)提供了评价多样性与业绩之间正相关的经验证据。基于对管理团队的调查数据,他们将团队分为没有业绩指标的团队、有一个(财务的或非财务的)业绩指标的团队和有多个业绩指标的团队。研究结果表明,多个业绩评价指标带来更高的团队自评业绩,而且,当团队成员参与目标制定时,这种影响效果加强。坎贝尔等(Campbell et al.,2006)描述了美国一零售商店采用的平衡计分卡中,非财务指标中所包含的战略内容,在公司的财务业绩与为战略实施而采用的非财务指标之间并没有发现明显的直接相关关系。班克等(Banker et al.,2000)提供了评价多样性与会计业绩之间正向关系的经验证据,通过一个服务性企业提供的数据,检验了由两个财务指标和两个与顾客相关的非财务指标组成的激励方案的实施情况。研究结果显示,采用多种业绩评价指标后,会计业绩与顾客满意度均有所提高。赛义德等(Said et al.,2003)通过将被试公司区分为同时使用财务和非财务指标以及只使用财务指标两种类型,对美国列名公司(listed companies)经理人员的报酬计划进行了内容分析,得到了与班克等类似的结论,即财务与非财务指标的结合带来更高的业绩。此外,其还提供证据表明了公司的运营和竞争特征会影响非财务指标的使用与公司业绩之间的关系,这一结论与霍克和詹姆斯(Hoque & James,2000)的结论相反。霍克和詹姆斯认为,公司的规模、产品生命周期以及市场定位对指标多样与业绩之间的关系没有明显的影响。霍克和詹姆斯的调查研究数据来自澳大利亚的制造公司,方法是请被调查者对20个业绩评价指标的使用程度进行评级,并请被调查者对本公司业绩与其竞争对手的业绩进行自我评定,通过这样的调查问卷研究,他们没有发现多指标与依赖于公司特征的组织业绩之间的正向影响关系。除了主观业绩指标导致的评价指标多样性研究，战略与业绩评价系统的结合，也为评价指标多样性的行为影响提供了不同的研究结论。伯尼（Burney）和威德纳（Widener）分别于 2007 年、2013 年，探讨了战略性绩效测量系统（strategic performance measurement system，SPMS）与经理层级员工绩效之间的联系。战略与业绩系统之间的紧密关系，能够提供更多的与工作相关信息（job-relevant information，JRI），降低管理者感知到的角色压力和角色冲突水平，有助于管理者进行决策。基于 SPMS 的激励计划与战略的紧密耦合有利于通过感知自我效能（perceived self-efficacy）和感知心理契约（perceived psychological contract）内化激励行为，进而间接影响员工绩效。然而，自我效能感与员工绩效之间的关系仅适用于年龄较大、受教育程度较低的员工，具有一定的边界条件。第二组研究结论提供的证据对指标多样性与业绩之间关系的证明结果并不一致。不同的样本、不同的变量、不同的研究方法可能是导致结论不一致的原因。

第三组，目的在于发现评价多样性对监管者评价行为的影响。希夫和霍夫曼（Schiff & Hoffman，1996）研究了监管人员如何使用财务和非财务的业绩指标判断业绩。他们的实验主体包括财务执行官和运营执行官。给被试一个假想的部门，以及四个财务业绩指标和四个非财务业绩指标，两类执行官选择以上 8 种业绩指标进行业绩评价。结果表明，被试会使用多种业绩指标进行业绩评价，并且，在评价下级经理人员业绩时，他们倾向于使用非财务业绩指标，在评价部门业绩时倾向于使用财务指标。由戈什（Ghosh，2005）进行的另一项实验检验了在业绩评价过程中财务指标与非财务指标的结果效应（outcome effect）。所谓结果效应是指在假设其他条件相同的情况下，对好结果与坏结果评价方式的差异。实验对象为零售商店经理，结果表明，非财务指标的使用会导致较高的结果效应。这也就意味着，非财务指标是更容易被操控的业绩评价指标。新近的两项研究进一步提供了关于多种业绩指标对业绩评判影响的证据。在利普和索尔特里奥（Lipe & Salterio，2000）和迪拉和斯坦巴特（Dilla & Steinbart，2005）的实验中，被试更偏向于使用在经济单位/部门中共同的业绩指标（common measures）。班克等（2004）复制了这一实验，并在其研究结论的基础上提出，被试只有在拥有更多详细的战略信息的情况下，才会更加关注与战略相关的业绩指标。以上三个实验的研究结论表明，当经理人员拥有更多战略信息时，他们倾向于使用与战略相关的业绩指标（一般是非财务指标）而不是通用指标（一般为财务指标）。最后，有两项研究检验了评价多样性如何导致业绩评价偏见（performance evaluation biases）。基于荷兰一工业公司的内部数据，默尔斯（2005）发现，多指标以及主观评价指标的使用与业绩评价偏见程度呈正相关，并且，多指标与主观指标的使用导致业绩评价的扁平（即员工之间业绩差异缩小）以及仁慈（对下属评级的普遍偏高），这将为企业未来的激励和人事决策带来困难。此外，伊特纳等（2003）在美国连锁银行进行的一项实地研究表明，经理人员对多指标权重的判断受到多种偏见因素的影响。劳和莫泽（Lau & Moser, 2008）通过实验发现，评价者对 BSC 类别内绩效指标差异性的反应，受到他们对模糊性容忍度（ambiguity intolerance）的影响。钱奇等（Cianci et al., 2013）针对管理层的心理强化（self-enhancement）行为进行研究，实验在 BSC 的环境下进行，管理者及其上级对于管理者努力（如计划工作小时数）是存在期望差异的。同时，这种心理的自我强化行为会受到环境变量（综合的激励系统类型是战略激励系统类型，通用业绩评价是战略业绩评价）的影响，综合激励制度和通用业绩评价降低了管理者的自我提升能力。克莱默等（Kramer et al., 2020）利用眼动追踪技术进行的实验室研究结论表明，在基于平衡计分卡格式的绩效报告中，管理者的主观业绩评价受升级承诺（escalation of commitment）的影响，即管理者倾向于给予他们自己招聘或晋升的员工更高的绩效评价。前面的综述显示，第三组研究在方法上相对一致，提供了强有力的经验证据证明评价多样性与监管者评价扭曲之间的正向影响关系，这一研究思路和研究结论是可以借鉴并进一步深入的，但值得注意的是，该组研究的不足之处在于研究没有报告监管者评价扭曲/偏见与业绩之间的关系。

第四组，针对多指标或多类型指标对员工的行为影响进行研究。虽然现有文献中有为数不少的文章对多业绩指标的使用效果进行研究，但是这些研究大多没有针对评价多样性对员工的行为影响进行检验，而只是提供了一个综合图景，即以评价为目的的多重指标使用所带来的收益。卡瓦卢佐和伊特纳（Cavalluzzo & Ittner，2004）对评价多样性与受托责任感知之间的关系进行检验，通过对美国会计总署（General Accounting Office）分支机构经理人员的大规模调查，得到了业绩评价中指标多样性情况（通过让被调查者对5种业绩指标在业绩评价过程中的使用情况进行评级而得到）。研究结果表明，指标的集合越大，被评价者感受到的受托责任程度越高。韦伯（Webb，2004）提供了多指标与目标承诺（goal commitment）之间的关系。他的实验对象为不同行业的经理人员，结果显示，当经理人员感受到的"因果"性与业绩指标相关时，目标承诺程度较高。霍尔（Hall，2008）检验了多指标对员工（在该研究中为管理者）行为和业绩影响。他认为，关注业绩评价系统与组织业绩关系的研究隐含着一种行为假设：管理控制系统以有利于组织目标实现的方式影响组织内个体行为。因此，他设计了包含九个问题的问卷工具，该问卷工具调查了业绩评价指标的种类、业绩指标与战略目标之间的相关性等，通过该问卷，霍尔得到了业绩评价系统的综合性程度，并证明，当一个业绩评价指标的集合具有综合性特征时，在角色清晰（role clarity）和心理授权（psychological empowerment）两个中间变量的调整影响下，业绩评价指标的综合性特征越明显，管理业绩的水平也将越高。劳和莫泽（2008）基于来自英国149名经理样本的问卷研究结果表明，使用非财务绩效措施（针对BSC中涉及内部流程、客户和学习与成长三个方面的15个非财务绩效项目）被认为是程序公平的。研究还发现，这种感知与更高的组织承诺有关，而组织承诺反过来又提高了员工的工作绩效。2015年，劳和斯卡利（Lau & Scully）再次采用问卷调查了年营业额超过1 000万澳元且员工人数超过100人的大公司，通过对121个组织500名部门负责人级别员工（不包括战略业务单位级别的经理）的调查，探析员工对组织政治的感知是否影响绩效衡量指标与员工对上级信任之间的关系。研究探讨三个主要问题：一是绩效衡量指标如何影响组织政治；二是组织政治如何影响程序和人际公平性；三是公平性感知如何进一步影响对上级的信任。研究结果表明，组织政治和公平性感知在非财务绩效衡量指标与信任关系中起到了显著的中介作用。与此相反，组织政治和公平性对财务绩效衡量指标与信任关系的中介效应通常不显著。阿金耶勒等（Akinyele et al.，2020）的实验研究，任务针对操作性员工，但基于管理控制系统中的正式控制手段如激励机制以及非正式控制手段的组织价值声明（value statement）展开。其通过两个实验扩展了对激励系统和组织价值声明如何相互作用以影响员工绩效的理解，并强调了在设计和实施管理控制系统时考虑控制组合的重要性。黄凌波和穆拉德（Lingbo Huang & Murad，2020）采用了类似的实验，在多任务环境下，研究相对业绩评价如何影响员工的竞争力（competitiveness）。研究表明，相对绩效反馈在多任务环境中对竞争力有显著的溢出效应，这一效应通过信念改变和品味改变机制（belief-altering and taste-altering mechanisms）共同作用。第四组研究为本书提供了研究的思路和方法，指标多样性对评价者和被评价者的行为都会产生影响，并进而使不同层次的业绩水平产生差异。因此，业绩指标作为业绩评价系统的核心，其特征以及所产生的行为影响将成为本书研究的重点和核心。但当前文献中还没有对指标多样性与操作层员工行为及业绩关系的影响研究，这是急需注意并拓展的内容。

（3）指标失效。

业绩评价指标的失效问题，体现了个体行为对业绩评价系统的反作用。在会计领域，有研究结果表明，业绩评价可能混淆了业绩评价的指标和业绩（Vagneur & Peiperl，2000；马歇尔·W. 迈耶，2005）。在企业中，人们很容易测量到某种指标并称之为"业绩"，然后就此指标及相应的标准来评定企业或个人的等级。由于该指标或标准与激励系统直接相连，因此，这种指标和标准的设定就会直接或间接地影响组织内个体的行为，这一思路就是"评价多样性"问题中探讨的内容。但人不同于其他动物，人所具有的智能使其主动性具有反作用力，也就是说，业绩评价指标在影响人行为的同时受人主观能动因素的反作用。潜在的观点是：业绩评价指标对人们的影响导致人们改变了行为方式，而这些行为方式会反过来侵蚀业绩指标识别良莠业绩的能力，使业绩评价指标失效。克勒伊斯等（Kruis et al.，2014）运用差异框（discrepancy framework）和地位一致性理论（status congruence theory，SCT）分析了管理者影响力的效果，通过调查293名业务单元（business unit，BU）管理者、收集关于业绩评价系统（performance measurement system，PMS）设计中管理者影响力的数据，使用了包括 PMS 失败、管理者影响力、信息不对称、BU 间的相互依赖性等在内的多个变量进行研究，发现管理者在 PMS 设计中的影响力减少了 PMS 失败的感知，这与常规观点一致，即影响力是有益的。然而，这种效果受到情境的显著影响。在信息不对称性较高、BU 间相互依赖性较低或员工与管理者间的信息不对称性较低的情况下，管理者的影响力减少了 PMS 失败。相反，在信息不对称性较低、BU 间相互依赖性较高或员工与管理者间的信息不对称性较高的情况下，管理者的影响力加大了 PMS 失败的可能性。

2.2.2 国内研究文献综述

国内对企业内部业绩评价问题的研究尚不系统，主流研究多集中于对企业外部业绩评价或对经营者业绩评价的研究。

从研究内容来看，与业绩评价有关的研究主要集中于对创新财务指标（如 EVA）和综合业绩评价方法（如 BSC）的概念、内容和应用的介绍以及对其优于传统财务指标的解释。从研究方法来看，绝大部分以描述和概念解释为主。因此，整体看来，我国对企业内部业绩评价的行为影响研究无论从内容还是方法的角度，都是需要给予更多关注和发展的领域。

吴革和林潇（2021）对 2000～2019 年中西方各 10 种知名期刊所发表

的管理会计文章及其引文进行的科学知识图谱进行研究，发现中国管理会计将经济增加值以及BSC归属到业绩评价中，包含管理控制、业绩评价和薪酬激励、管理会计一般性问题、成本管理、供应链管理、内部控制六大主题。业绩评价与薪酬激励是中西方共同的研究热点主题之一。我国的研究存在研究主题的原创性、前瞻性、学科交叉性不足的问题。

业绩评价问题研究的跨学科背景，使对管理学、心理学等相关学科研究成果的吸收、借鉴成为可能，鉴于国内会计学研究中与内部业绩评价行为影响相关的文献比较匮乏，本章以内部业绩评价的研究现状为基础，遵循整体和行为两个层次的综述思路，对现有相关文献进行梳理。

2.2.2.1 基于构建的企业内部业绩评价传统性研究

（1）第一阶段，介绍性构建与应用。

在我国，真正意义上的企业内部业绩评价研究始于20世纪90年代，最初以对责任中心的控制研究为主。近年来，对EVA、BSC、全面质量管理等先进评价理论和方法的介绍及应用性研究较为盛行。其中，以下学者的成果对业绩评价的行为影响研究具有积极意义。

杜胜利（1999）是较早对企业内部业绩评价进行研究，并涉及业绩评价的行为方面的学者。他构建了业绩评价的理论框架和业绩评价要素系统，将业绩评价主体和业绩评价客体加以区分，提出了由财务评价指标、过程评价指标、客户评价指标、员工评价指标等要素组成的业绩评价体系。从研究的方法和侧重来看，杜胜利所研究的业绩评价主体以企业所有者为主，虽然提出了评价主体和评价客体的概念，但关于业绩评价问题的研究仍然是传统意义上的。

李苹莉（2001）以利益相关者理论为基础，立足于经营者业绩评价，构建了影响经营者行为的企业内外因素的分析框架，提出经营者业绩评价方案的基本模式。周长青（2001）从管理控制系统的角度对EVA、智力资本和综合计分卡评价体系三种先进的业绩评价系统进行了研究，同时，立足于经营者业绩评价问题，结合我国实际，提出了改进思路。

王化成（2004）提出了以业绩评价相关理论和支持理论为基础的核心

理论，即包含评价主体、评价客体、评价目标、评价标准、评价方法和评价报告的业绩评价系统。王化成指出，评价主体的需求经过总结，形成了评价目标，以主观的形式对评价指标体系的具体设计作出规定；评价客体依靠自身的特点，从客观的角度限制评价指标体系的内容，使其符合实际；为了平衡主观性要求与客观实际的矛盾，在评价指标体系时，应做到使其保持与企业目标相一致、财务指标与非财务指标相结合、定量指标与定性指标相结合、评价指标数量要适当且尽可能可计量。关于业绩评价系统内在逻辑关系的这一总结有助于企业内部业绩评价行为影响研究思路的构建。但从其行文的总体来看，并未涉及太多关于业绩评价的行为分析。

池国华（2005）对现代企业内部管理业绩评价系统的设计问题进行研究，在清晰界定业绩评价概念以及相关分类和层次的基础上，定位于内部管理层的业绩评价问题展开评价系统的设计研究。其提出的企业内部业绩评价分类层次图对确定行为影响研究的行为主体和行为影响的分析对象具有重要的导向作用。

袁光华（2005）采用分析研究、实验研究方法对绩效考核指标的选取与组织目标的一致性问题进行了研究。在分析中，袁光华采用委托代理模型，分别用单期模型、多代理人模型和多期模型研究了绩效指标的目标一致性问题，将绩效指标的目标不一致性定义为目标与绩效指标构成的超平面之间的距离，并进一步对绩效指标选取中的原则问题进行分析研究。其最后研究了激励制度问题，认为绩效指标与奖惩挂钩，可以提高对应的绩效指标的业绩。激励制度可以有效提高雇员努力的持久度，但对努力的强度并没有明显的提升。另外，其提出的研究方法及结论对业绩评价的行为范式研究将具有很强的借鉴价值。

（2）第二阶段，多维多视角综合构建。

周祖城和王旭（2010）构建了一个服务于企业生存与发展要求的企业社会业绩内部评价体系，由理念评价、行为层面评价、结果层面评价、战略性评价四个部分组成。

王蕾和池国华（2015）将现有的企业内部业绩评价系统设计思路归纳

为基于流程的设计和基于指标的设计两大类，并根据我国企业的实际情况，提出了动态的"环境—战略—指标—方法"设计思路，即"应以环境为起点，以战略为导向，以 BSC 为框架，以 EVA 为核心"的业绩评价系统设计思路。

任书娟（2019）从环境保护优先战略下传统业绩评价方式的局限出发，以三重底线理论为基础，从经济、环保、社会三个层面构建企业综合业绩评价体系，共设计了 3 级 27 个指标体系，为企业综合业绩评价提供了具体的思路。

（3）第三阶段，跨学科基础上的创新构建。

娄祝坤和毛瑾晔（2023）的研究突破单一"委托—代理"理论的限制，开始将认知心理学中的"自我决定理论"纳入研究框架，从业绩指标选择、业绩评估范围和业绩评价系统使用方式三个维度，构建创新型企业业绩评价系统的理论框架。

2.2.2.2　企业内部业绩评价实施后果的实证研究

此类研究以企业整体经营业绩为对象，研究方法以企业公开披露的客观数据为基础进行实证检验，不是以问卷调查和实验研究为主要范式的行为影响研究。特别是近期关于相对业绩评价的主流实证研究，并不直接与本书的研究主题相关。

（1）第一阶段，非财务业绩指标的使用效果。

内部业绩评价发展的一个突出特点是非财务业绩指标的使用。关于非财务业绩指标与企业业绩之间价值相关性的实证研究已经展开并逐步深入。潘飞等（2005）对上海市国资委对口管理的 76 家国有企业的客户满意度进行了实证研究，结果证明，客户满意度对企业未来的财务绩效和财务绩效的变化具有预测作用。陈华敏（2006）先从信息经济学和权变理论的角度对非财务业绩指标进行理论分析，在此基础上，通过对深市 229 家主板上市公司的问卷调查研究，获取了企业非财务业绩指标使用情况、战略类型等与公司特征有关的信息，将上述企业区分为使用非财务指标和不使用非财务指标两个样本组，对两组公司非财务指标的使用与当前绩效指标（ROA）与未来绩效指标（TobinQ）的关系进行回归分析，研究得出了显著正相关的研究结论。此外，陈华敏（2016）还对公司特征变量与非财务业绩指标的使用之间的关系进行了 Logit 回归，得出的结论是：质量改进变量与非财务指标的使用之间显著正相关，而战略变量并不显著，并由此得出非财务指标与公司特征变量之间存在权变关系的结论。王华兵（2013）综述了非财务业绩指标融入激励契约设计的整体情况。蒋小敏（2014）基于权变理论探讨非财务业绩指标如何选择。大量学者在探讨非财务业绩指标在企业业绩评价中如何应用的问题但并未深入探究其应用效果（李孟阳和郭朝阳，2017）。以上研究数量、研究样本以及研究方法等多方面的限制可能对研究结果的普适性提出挑战，因此，基于主体行为层面的研究仍然必不可少。

（2）第二阶段，相对业绩指标的使用效果。

随着相对业绩评价这一概念进入理论和实务领域，我国学者开始从不同角度对其进行研究，如整合经济学理论与行为学理论的分析框架构建与实证检验（王剑等，2011）；基于高管薪酬及经营业绩评价的多视角相对业绩评价指标使用有效性实证研究（黄静雅和黄辉，2016；章刚勇和王立彦，2016；黎春和李子杨，2017；崔九九和刘俊勇，2022；滕蕙阳和陈冬华，2024；廖冠民和王家晶，2024），代表性研究结论如下。

崔九九和刘俊勇（2022）使用 2004～2019 年沪深 A 股非金融类上市公司的数据，采用社会网络分析法和多元统计分析，具体考察董事会连通性是否有助于促进相对绩效评价的使用。研究发现，我国企业对高管薪酬的制定并未广泛使用相对绩效评价方法；董事会连通性抑制了相对业绩评价的使用，这一关系在一系列稳健性检验后依然成立。此外，董事会连通性主要通过降低高管薪酬—业绩敏感性以及增加高管获得的"运气薪酬"影响相对业绩评价的效果。

对于相对业绩评价的使用与某些变量之间的关系，廖冠民和王家晶（2024）研究了会计信息可比性与股权激励计划中相对业绩评价使用之间的关系，实证检验发现，公司的会计信息可比性与其股权激励契约行权业绩考核采用相对业绩评价的概率正相关；而且，当会计信息可比性较高时，采用相对业绩评价的股权激励对公司研发创新的促进效果更加明显。进一步研究还表明，当公司面临的内部治理和外部监督较为严格时，会计信息可比性对股权激励契约相对业绩评价使用的正向影响更为显著。

2.2.2.3 企业内部业绩评价的行为后果研究

（1）第一阶段，早期行为研究匮乏。

从现有资料来看，我国理论界早期关于企业内部业绩评价的行为后果研究成果较少，张朝宓等（2004）使用问卷调查的方法，收集了不同组织中业绩评价的具体实施状况，以及业绩评价实施后主体的行为感受数据，将业绩评价作为管理控制系统的一种控制工具进行了系统实施中的行为影响和行为后果研究。该研究以业绩评价行为的实施过程为线索展开，对目标设置环节、记录和反馈环节以及奖惩环节分别提出假设并进行检验，其中，部分假设通过了统计相关性的验证：①在目标设置环节，业绩评价目标来源于战略的组织比来源于上级压力的组织有更积极的行为。这一假设得到部分支持。先进的目标会对组织和员工行为产生积极影响的假设得到部分支持。细化的评价指标会对组织和员工行为产生积极影响的假设得到较强的支持。②在记录和反馈环节，客观的评价指标和控制频度的增加会对组织和员工行为产生积极影响的假设得到较强的支持。③在奖惩实施环节，表现出较为复杂的关系图景，没有单一的关系得到证明，文中的假设"业绩评价对被评价者利益影响越大，对组织和员工的控制和激励作用越大"没有通过检验。

（2）第二阶段，综合业绩评价系统对管理层的行为影响。

唐亚军等（2015）通过对173名中层管理者的问卷调查，研究了综合业绩评价系统（comprehensive performance measurement systems，CPMS）对其角色清晰的影响以及与其业绩的关系。结果表明，综合业绩评价系统通过角色清晰所表现的过程清晰和目标清晰两个中介变量间接影响管理者业绩，且在国有和非国有企业中存在差异。研究在一定程度上综合了 CPMS

行为影响和中层管理者角色内容对业绩影响两部分内容，强调认知理论在解释管理控制系统对中层管理者业绩的影响作用，特别是 CPMS 影响中层管理者的角色认知。

宫义飞等（2016）通过实验研究论证了在基于 BSC 进行多业务单元评价的过程中，高管人员如何缓解认知偏差即共性指标偏好现象。其提出了两种减轻共性指标偏差的措施，即改进战略表述并增进评价者对业务单元战略和独特指标的理解，以及运用分解评价方式并要求证明评价合理性，以激发评价者的认知努力。

（3）第三阶段，主观业绩评价的行为影响。

杨金坤（2020）理论分析了国资委对中央企业高管人员进行主观业绩评价的过程中需要考量的影响因素，认为主观业绩评价容易诱发评价者与被评价者的双边道德风险，即评价者的"偏爱倾向"和被评价者的"影响活动"。上级在进行业绩评价时，可能会受到个人偏好的影响，还会将评价的可信度、公平感纳入考虑。

娄祝坤等（2023）采用问卷调查了 407 位企业员工，工作职级涵盖普通员工、基层、中层及高层管理者，实证检验了非任务相关绩效的主观业绩评价对员工自主动机的影响。结果发现，企业对员工的非任务绩效评价显著增强了员工的自主动机，表明非任务绩效评价具有动机激励效应。但目标导向任务绩效评价对其激励效应存在挤出作用，即随着目标导向任务绩效评价使用程度的增加，非任务绩效评价对员工自主动机的激励效应会减弱。而且，当目标导向任务绩效评价与绩效薪酬联合使用时，其对非任务绩效评价的动机激励效应产生的挤出作用更加显著。拓展性分析显示，非任务绩效评价的动机激励效应主要通过提升员工自主、胜任和关系三大基本心理需求的满足程度实现，且非任务绩效评价能够通过增强员工自主动机进一步提升企业创新绩效。

综合来看，我国理论界对企业内部业绩评价的行为研究成果尚有较大探索空间。

2.2.3　国内外行为研究现状评价

以上国内外研究综述表明，整体上西方的研究成果比我国更为全面和丰富。经过几十年的研究和探讨，对企业内部业绩评价的行为分析在管理学、会计学中都取得了一定的成果。我国对内部业绩评价的行为研究虽然尚待完善，但通过借鉴和吸收西方在行为研究方面取得的成就，发现研究不足，在此基础上，我国内部业绩评价的行为研究也将会有一个长足的发展和进步。从企业内部业绩评价行为分析中呈现的特点来看，企业内部业绩评价的行为研究主要取得了以下成果。

(1) 企业内部业绩评价行为分析的内容不断丰富和完善。在管理控制领域（行为会计研究的传统三大领域之一），行为分析的对象从"预算系统"到"业绩评价系统""激励报酬"系统，研究的主题从"功能性障碍后果""参与"到"团队""财务与非财务指标的业绩及行为影响""启发式认知偏向"等，其研究内容已经随着环境的变迁和研究方法的完善在不断发展。以"评价系统对个体行为的影响以及行为对业绩评价系统运行的反作用"为核心问题的业绩评价行为分析对象已经确立。

(2) 企业内部业绩评价行为分析的方法论不断成熟。行为会计研究范式是会计学对企业内部业绩评价进行行为分析研究的主要方法。近年来，西方管理会计研究呈现两大趋势：第一，研究方法不断丰富，实验研究方法的地位日益凸显；第二，立足于管理会计实践，越来越多的引入行为学、心理学等理论研究管理会计问题。随着问卷调查、实验研究、实地研究等方法的不断运用和完善，企业内部业绩评价行为影响研究结论的可靠性和预测性不断提高。

(3) 从最新的内部业绩评价行为影响研究文献来看，理论和实务界较为关注的问题是，对以平衡计分卡为代表的先进业绩评价系统以及业绩评价指标多样性进行行为影响分析。这在一定程度上为我国分析和运用平衡计分卡提供了有益的启示和借鉴，同时指明了我国对企业内部业绩评价进行行为影响分析的研究方向。

虽然企业内部业绩评价的行为分析在西方已经取得了相当的成果,但从未来的发展方向来看,研究中仍然存在需要进一步拓展和完善的问题。

(1) 从现有的研究结论来看,对业绩评价行为的影响因素和影响机制仍然缺乏系统性的共识,以实验方法或调查问卷形式取得的研究结论,其有效性也时常遭到质疑。

(2) 关于评价主体和评价客体本身特质对业绩评价行为影响的分析不足。因此,要进一步借鉴认知心理学、行为经济学等相关学科中,对个体本身判断和决策中的行为特征分析结论,进行内部业绩评价行为影响的针对性研究。

(3) 对业绩评价偏差的原因归属缺乏判断依据。业绩评价本身是一个判断和决策的过程,判断和决策的依据会影响判断和决策的结果,因此有必要在构建和实施业绩评价系统之前,对相关判断依据的有效性进行检验,这是理论研究中较为欠缺但却具有相当实用价值的问题。

(4) 我国业绩评价的行为影响研究相对薄弱,与此同时,我国的经济和文化背景又为我国企业内部业绩评价的行为影响研究提供了特有的平台。业绩评价的行为影响研究在我国具有很强的理论研究意义和实践的应用价值。因此,行为会计研究方法在管理会计研究中的使用,将成为我国进行业绩评价行为影响研究的有效途径之一。

第 3 章

企业内部业绩评价与行为影响的理论框架

企业内部业绩评价的行为内涵是行为影响研究的概念基础，是全部理论框架得以建立的基石。本章以业绩、业绩评价、内部业绩评价的行为内涵分析为起点，首先，建立了企业内部业绩评价的传统理论基础，用以提供内部业绩评价系统形成和发展的根本证据，从而确定了行为影响的分析对象；其次，建立了行为影响研究的行为理论基础，用以提供行为影响分析的途径和方法；最后，以内部业绩评价系统及内部业绩评价的行为过程为基础，将传统理论基础和行为理论基础进行整合，建立了完整的理论基础框架。

3.1 企业内部业绩评价的行为内涵分析

由于不同的研究传统，不同学科在对研究问题进行表述时，在概念使用上常常存在差异；在同一学科内部也时常因为翻译等原因，造成概念使用上的不统一。为了规范研究主题，本章对"业绩""评价""业绩评价"等核心概念进行了内涵和范围上的界定。

3.1.1　业绩的概念界定与行为内涵

理论界对业绩概念的使用并不统一，主要表现为业绩、绩效、效绩三种表达形式。不同学科在概念使用上存在差异，同一学科内部在概念的表述上也不尽相同。在会计学研究中，有学者认为"效绩"和"绩效"的内涵比"业绩"更广（孟建民，2002）；也有观点认为，三个名词的英文表达均为"performance"，在本质上并无差异（张蕊，2002；池国华，2005）。由于"业绩"（绩效、效绩）是业绩评价研究中的一个基本概念，本章遵循"从三个方面考察基本概念"的原则（汪丁丁，2008），先对基本概念进行字源学（etymology）考察，之后对各个学术传统以及不同的阐释者对"业绩"所赋予的不同问题意识进行梳理。

3.1.1.1　业绩、绩效与效绩的字源学考察

文献、著作中存在"业绩"的多种表达方式，在某种程度上也是由于翻译不同造成的。在西方的研究文献中，术语的使用一直只有一个，即"performance"。该词的动词原形"perform"于1300年最早在英语中使用，被解释为"to do, carry out, finish, accomplish"。即"做，执行，完成"。在《牛津英语大词典》中，"performance"强调了这种"做、执行、完成"是对"命令、责任、目的或承诺等的落实"，或者表示"所作或所执行的事情，是一种行为或事实，尤其指显赫的成绩或功绩"。业绩概念的字源学解释表明，业绩本身与行为密切相关。随着环境的变迁，虽然"performance"所代表的含义和内容不断丰富，但其根本的意义一直没有改变，即"notable deed, achievement"。

从汉语释义来看，"业"指"事业，功业"；"绩"指"成就，功业"；"效"指"功效、效果"。根据中文的构词传统，本书认为，并列式的"业绩"一词最为准确地表达了"performance"的基本含义，均指经过努力而完成的事业或建立的功劳，这一事业或功劳的取得内含着"做、执行、完成"过程中的效率和行为的效果。因此，从字源学的角度考察，

"业绩"一词的使用更为准确、恰当。

3.1.1.2 业绩、绩效与效绩的不同学科含义

"performance"这一概念包含不同的层次,斯潘根伯格(Spangenberg, 1994)在借鉴前面研究的基础上,提出了最为全面的综合业绩模型,并指出业绩包含组织、过程/职能及团队、个人三个层次。[①]在会计学研究中,对业绩(绩效、效绩)概念的解释和研究倾向于从组织和职能的层面上进行,《企业效绩评价工作指南》认为,效绩是业绩和效率的统称,包括行为过程和行为结果两层含义,企业效绩是指一定经营期间的企业经营效益和经营者业绩。表明结果的企业经营效益主要表现为对企业盈利能力、资产营运水平、偿债能力和后续发展能力等的量化;表明行为过程的经营者业绩主要通过经营者在经营管理过程中对企业经营、成长、发展所取得的成果和所作出的贡献来体现。整体看来,会计学对业绩问题的研究侧重于对组织层面的结果和职能(行为)过程的量化,在具体的研究过程中,业绩、绩效、效绩三种表达均被使用。

在管理学的人力资源管理、行为科学研究以及工业心理学等研究中,对业绩(绩效、效绩)概念的解释更倾向于从个体以及行为的层面上进行,认为业绩的目标是行为,重视从引导和强化员工行为的角度来提高组织绩效,因而关注个体的需求、人格、情绪、态度、工作满意度等,在具体的研究中,更倾向于使用绩效一词。[②]

由此看来,同一个英文单词,在不同的学科中被赋予了不同的问题意识,或者说从不同的研究目的出发,概念被赋予了不同的内涵和外延,这也正说明了基本概念所具有的内在张力,"一个概念越基本,它所包含的

[①] 转引自:理查德·S. 威廉姆斯. 业绩管理 [M]. 大连:东北财经大学出版社,2003.

[②] 在《英汉帕尔格雷夫管理词典》以及《英汉双向管理词典》中,均将"performance"及其相关的词条解释为绩效,如绩效考核/评价(performance appraisal)、绩效管理(performance management)等。同时,在相关的研究书籍和学术文献中,一般也多使用"绩效",因此,本书认为,在管理学中使用"绩效"一词的共识性更强。

不同方向就越多、越强烈，它的张力就越大，它的内在生命力就越旺盛"。①因此，本书认为，"performance"作为一个基本概念，它涵盖了上述不同角度的所有含义，至于翻译过程中因侧重不同而产生的细微差异是可以被接受和忽略的，既然从字源学的角度考察，"业绩"更符合"performance"的本义，因此本书将"业绩"界定为一个与英文中"performance"拥有同样张力的基本概念，进而将"绩效""效绩"统归至"业绩"概念之下。在此基础之上，可以进一步考察不同研究者对"业绩"所赋予的不同含义。②

3.1.1.3 不同学者对业绩的定义

不同学者对业绩的定义有两种较有代表性的取向：一种以结果为导向，例如，伯纳丁等（Bernardin et al., 1995）将业绩定义为在特定的时间内，由特定的工作职能或活动生产的产出记录。工作业绩的总体相当于关键或必要工作职能中业绩的总和（或平均值）。职能应该与所进行的工作有关，而与执行工作的人的特性无关。另一种以行为为导向，例如，墨菲（Murphy，1990）认为，绩效就是一套与组织或个体所工作的组织单位的目标相关的行为。坎贝尔等（Campbell et al., 1993）认为，业绩可以被定义为行为的同义词，它是人们实际的行为表现并是能观察得到的。就定义而言，它只包括与组织目标有关的行动或行为，能够用个人的熟练程度（即贡献水平）来定等级（测量）。绩效是组织雇人来做并须做好的事情。绩效不是行为后果或结果，而是行为本身。绩效由个体控制下的与目标相关的行为组成，不论这些行为是认知的、生理的、心智活动的或人际的。鲍曼和穆特威德鲁（Borman & Motowildlo，1993）对行为、业绩和结果进行了界定，指出：行为是人们工作时的所作所为；业绩是具有可评价要素的行为，这些行为对个人或组织效率具有积极或者消极作用；结果是因为

---

① 关于"概念的生命力与张力"，请参阅：汪丁丁. 经济学思想史讲义 [M]. 上海：上海人民出版社，2008.

② 由于本书将"绩效"和"效绩"概念归入"业绩"这一基本概念之下，因此在本书中，凡引用中出现的"绩效"或"效绩"概念，均视为与"业绩"概念等效。

业绩而改变的人或事的状态或条件,并从而促进或阻碍组织目标的实现。

会计学者对业绩概念的定义同样表现出以上两种导向。根据安迪·尼利(Andy Neely,2002)的归纳:贝尔德(Baird,1986)认为业绩是被引导的行为;勒巴斯(Lebas,1995)和卡普兰和诺顿(1992)从计量工具的角度强调业绩的结果导向性,认为业绩是一系列相互补充,有时甚至相互矛盾,可描述的参数和指示器,以期获得不同类型的产出和结果;尼利、格雷戈里和普拉茨(Neely,Gregory & Platts,1995)则提出,业绩是效率(efficiency)和效果(effectiveness)。一个公司的绩效水平就是其效率和效果水平(安迪·尼利,2004)。

我国学者对业绩的定义,大体上借鉴了西方的定义模式,同样存在"结果"和"行为"两种导向,在此基础上,将两种导向融合的观点较为流行(冯丽霞,2002;陈共荣等,2004;陆庆平,2006)。

3.1.1.4 业绩的行为内涵

上述"业绩"的不同定义表明,业绩概念与成本概念类似:单纯的业绩研究是没有意义的,作为研究对象的业绩必须是"……的业绩"(performance of),也就是说,业绩的产生必须具备主体。[①]伯纳丁的定义中没有明显的主体,完全忽略了作为工作和活动的执行者——人的因素,是一种高度机械化、标准化的定义,并不科学;墨非、坎贝尔、鲍曼和穆特威德鲁对业绩主体的界定显然是作为个体的人;而会计学者定义中的业绩主体潜在为企业。

作为不同主体的业绩结果,业绩表现为不同的层次,但从业绩的产生过程来看,业绩主体最终要落实到行为个人。企业实际上是一个虚位的法律主体,企业业绩必须以个人业绩为基础,是个人业绩在不同组织结构或流程下整合的结果。本书倾向于以个人为主体定义业绩,根据鲍曼和穆特威德鲁对行为、业绩、结果三者之间关系的阐述,业绩可以视作是完全的

---

① 关于成本概念限定的相关研究,参阅:Cole W M. Theories of Cost [J]. The Accounting Review,1936,11 (1):4-9.

行为与单纯的结果之间的一种形态：对于主体全部的行为而言，业绩必须是可测量、可评价的，只有可度量的行为才有可能称为业绩；而对于最终的结果而言，业绩又是导致这一结果的过程要素。因此，本书认为，业绩连接着行为和结果，它是将主体行为导向预期结果的一种途径，具体表现为安迪·尼利所描述的"效率和效果"。但需要着重指出的是，无论是从字源学角度对业绩进行的字典定义，还是上述不同学科和不同阐释者对业绩所进行的学术界定，这种与"目标和承诺"相对应的业绩，都是对主体现在（执行或运转的行为）或过去（表现为各种成绩）行为"效率和/或效果"的反映。这使得业绩在原则上能够被观察和测量。由此，业绩的行为内涵表现为：业绩是对业绩主体当前行为过程和/或过去行为结果的量化，表现为业绩主体当前或过去行为的效率和/或效果。以该定义为基础，业绩应具备如下要素特征，即主体性（行为性）、目标性（承诺性）、可度量性、历史性。

3.1.2 业绩评价的概念界定与行为内涵

"评价""测评""测量"是对英文"measurement""evaluation"等的不同翻译，"评价"在研究中的使用更多。而业绩管理则是一个与业绩评价相对应的不同学科概念。

3.1.2.1 业绩评价的概念界定

在会计学中，与"业绩评价"一词对应的英文表达在文献中表现为"performance measurement"和"performance evaluation"。国外有学者对"measurement"和"evaluation"进行了含义上的区分：[①]沃森和桑德斯（Worthen & Sanders，1987）将"evaluation"定义为对某项目、产品、过程、目标或途径的质量、效果或价值进行的规范确定，它重在数据的收集

---

① 转引自：赵红. 基于利益相关者理论的企业效绩评价指标体系研究［M］. 北京：经济科学出版社，2004.

和分析，目标是为决策提供有用的信息。黑尔（Hale，1998）将"evaluation"定义为对某事或某物进行价值判断的活动，将"measurement"定义为对比的行为。在对文献的收集和整理过程中，笔者发现，"performance measurement"的使用更为会计学者所接受。一方面，这一概念的使用与会计的职能有关，翻译中，有学者将其译作测量、度量或测评。另一方面，从字典释义来看，"measure"有"使用标准进行度量某物大小、长度、数量等"的意义，也有"判断某事重要性、价值或本质"的含义，即评价（evaluate）。因此，本书认为，广义的"measure"可以包含度量和评价两种含义，在实务中两个环节紧密相关，在逻辑上形成一个统一的整体。在概念的使用上，考虑当前学术界对概念使用的共识性和普遍性，并结合概念本身的含义，本书将广义的"performance measurement"界定为"业绩评价"，即认为业绩评价既包含客观的业绩测量也包含主观的业绩判断，实务中的业绩评价行为是二者的有机统一。从国外的研究文献来看，"measure"的广义与狭义使用也并不严格，例如，有的学者使用"performance measurement and evaluation systems"，取其狭义（Hall，2008），也有学者使用"Integrative strategic performance measurement systems"，取其广义（Chenhall，2005）。而经本书如此界定之后，业绩评价（performance measurement）这一概念无论在中文还是英文中都被赋予了包含测量和判断在内的广义业绩评价含义。

3.1.2.2 业绩评价与业绩管理的学科界定

在表达相同广义程度且与业绩相关的管理行为时，会计学中倾向于使用"业绩评价"而管理学中倾向于使用"业绩管理"；会计学中的"业绩评价"是企业整体视角，隐含的业绩主体为企业；而管理学中的"业绩管理"则以实现组织目标为目的，研究个体能力的提高，隐含的业绩主体为个人。虽然很多学者对业绩评价和业绩管理进行了区分，认为业绩管理是比业绩评价更广义的范畴，业绩评价只是业绩管理系统的关键环节（徐兆铭，2006）。但本书认为，"业绩评价"（performance measurement）与

"业绩管理"(performance management)可以视为同一个研究领域的不同研究形式,因为管理学中所称的业绩评价,更多是指狭义的业绩评价,即performance appraisal/performance evaluation,二者最大的不同在于会计学与管理学对业绩评价(管理)的研究视角和研究方法,而不在于其研究范围和研究的实质。这样,本书将"业绩评价"界定为会计学用语,以企业为业绩主体;将"业绩管理"界定为管理学用语,以个体为业绩主体。二者是同一研究领域的两种研究范式,其研究结论并不矛盾,且可以相互借鉴。

3.1.2.3 业绩评价的定义

从我国的会计学研究成果来看,国内机构、学者对业绩评价较有代表性的定义可以归纳为以下三类。

第一类,以所有者为评价主体的外部业绩评价定义。例如,《企业效绩评价工作指南》中指出,企业效绩评价是运用科学、规范的评价方法,对企业一定经营期间的资产运营、财务效益等经营成果,进行定量及定性对比分析,作出真实、客观、公正的综合评判。陆庆平(2006)认为,企业绩效评价是指运用一定的经济原理及分析技术,通过建立特定的指标体系及相应的标准、程序,对企业一定经营期间的经营结果(定量)和经营行为(定性),从不同的视角,作出的客观、合理、公正的综合性价值判断,为考评企业运行结果和经济质量以及相关决策提供依据。

第二类,以利益相关者为评价主体的综合业绩评价定义。例如,孟建民(2002)认为,效绩评价是对企业占有、使用、管理与配置经济资源的效果进行的评判,即通过对企业经营成果和经营者业绩的评判,不但使所有者可以决定企业下一步的发展战略,检查契约的履行情况,而且企业经营者及其他利益相关者也可以根据企业效绩评价结果进行有效决策,引导企业改善经营管理,促进提高经济效益水平。池国华(2005)认为,对于一个企业而言,业绩评价就是指其利益相关者根据特定目的,选择特定指标，设置特定标准，并运用特定方法对企业在一定期间内的经营管理活动过程及结果作出客观、公正和准确的综合判断。这种判断属于一种专业性的技术判断。

第三类，以管理者为评价主体的内部业绩评价定义。例如，张蕊（2002）认为，企业经营业绩评价就是为了实现企业的生产经营目的，运用特定的指标和标准，采用科学的方法，对企业生产经营活动过程及其结果作出的一种价值判断。王化成（2004）认为，业绩评价就是按照企业目标设计相应的评价指标体系，根据特定的评价标准，采用特定的评价方法，对企业一定经营期间的经营业绩作出客观公正和准确的综合判断。

在西方，业绩评价一直以来都是学术和实务界讨论的热点，但对其界定却并不多见。费迪南德和杰克（Ferdinand & Jack，1997）认为，业绩评价就是一个确定指标的过程，这些指标用于报告组织的成绩和发展情况。[①]安迪·尼利（2004）认为，业绩评价就是对以往行为进行量化的过程，即对以往行为对当前业绩产生的影响进行量化的过程。在将业绩界定为"效率（efficiency）和效果（effectiveness）"之后，安迪·尼利进一步将业绩评价定义为是对以往行为的效率和或/效果进行度量的尺度，并将绩效评价系统定义为是通过对适当数据的采集、整理、分类、分析、解释和传播，来对以往行为的效率和或/效果进行量化，并据此作出相应决策，采取相应行动的过程。[②]

简单对比中西方关于业绩评价的定义，可以得出以下几点结论。

第一，国内机构、学者对业绩评价的定义多遵循评价的职能过程，从方法和程序的角度对业绩评价进行描述性的阐释，定义的落脚点均为综合的判断；西方对业绩评价概念的界定更加强调量化，强调量化基础上的决

---

① 转引自：赵红．基于利益相关者理论的企业效绩评价指标体系研究［M］．北京：经济科学出版社，2004．

② 安迪·尼利．企业绩效评估［M］．李强，译．北京：中信出版社，2004：1-2．同时，结合英文原文对个别词语的翻译进行了修改。

策和行动。

第二，我国在特殊的计划经济体制背景下形成的业绩评价理论，对我国学者的研究导向产生了一定的影响，业绩评价的不同定义形式在本质上差别不大；而西方的定义则相对宽泛，从定义中无法明确地识别评价主体。

第三，事实上，业绩评价包含着逻辑一致的测量和判断两个环节，量化和判断相辅相成，不能偏废。根据前面对"measurement"的分析，"测量"在会计学中即为"计量"。根据相关会计理论，一项完整的计量活动应包括三个步骤：①选择衡量标准，即计量尺度。②确定计量规则。何时、用何标准、采用何种方式进行计量。③分配具体数量（葛家澍等，1999）。而"评价"则是人类的一种认识活动。冯平（1995）从哲学的角度阐释了评价的本质，认为在认识活动中，评价的定位是：一种以揭示客观世界的价值观念以建构价值世界的认识活动。理想状态的评价过程包括确立评价的目的和评价的参照系统、获取评价信息、形成价值判断三个主要环节。业绩测量是一个相对客观的过程，其结果要服务于不同评价主体的评价目的。

第四，需要特别强调的是，业绩及业绩评价只有在特定的决策背景下，与特定的决策制定者相关才有意义。换言之，对业绩量化结果及量化方式的选择取决于业绩评价主体不同的评价目的。

3.1.2.4 业绩评价的行为内涵

对比并综合中西方关于业绩评价的不同定义，本书提出业绩评价的行为内涵：业绩评价是一种企业相关行为，是与企业相关的业绩评价主体对业绩评价客体（即业绩主体）过去行为的效率和效果进行量化及综合的价值判断，并在此基础上通过决策对业绩评价客体行为实施影响的过程。定义强调对企业行为的量化，同时兼顾价值判断。将业绩评价行为在测量和判断两个层面上展开，并将测量和判断两个环节统一于目标（承诺），其具体行为过程如图 3-1 所示。

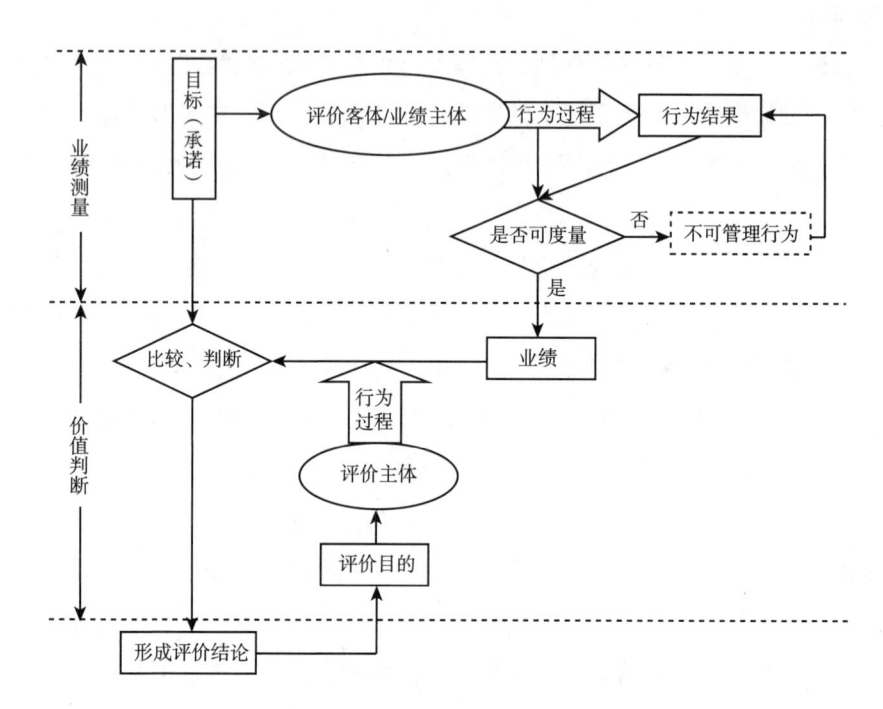

图 3-1　业绩与业绩评价的行为过程

3.1.3　业绩评价分类与研究范围界定

　　按照不同的分类标准，业绩评价被区分为不同的类型和层次。根据业绩主体不同，斯潘根伯格（Spangenberg，1994）将业绩区分为组织、过程/职能及团队、个人三个层次，并分别对应于企业业绩、部门业绩和个人业绩。按照业绩主体不同进行的划分，是进行行为影响研究的基础。它描述了从个人到群体到组织的业绩集合路径。

　　根据评价主体不同，业绩评价分为企业内部业绩评价和企业外部业绩评价。外部评价是由企业外部的利益相关者对企业作出的评价，如投资者、债权人、政府、社会公众、消费者等。内部评价是由企业内部利益相关者作出的评价，如企业的经营者、部门经理、基层部门主管、员工等。

　　内部业绩评价和外部业绩评价是我国学者普遍认可的一种划分方式。但本书认为，内部、外部是一个相对的概念，评价主体与企业之间的位置关系，在本质上体现为一种契约关系，缔约方不同的缔约目的才是决定业绩评价行为差异的根本原因。因此，本书的观点倾向于将企业业绩评价作为一个整体进行研究，而从评价主体不同的评价目的出发来限定研究的主题和范围。虽然从理论上划分内、外部主体简单清晰，但在行为影响研究中，由于内、外部业绩评价的方法和指标体系常常是通用的，很难明确区分哪些范畴属于外部，哪些范畴属于内部。因此，在本书中，作为研究对象的业绩评价是作为一个整体的系统而存在的。本书使用了国内共识的分类方式，将研究范围限定为企业内部业绩评价，其目的在于明确本书所研究的业绩评价是企业管理控制系统的一部分，业绩评价的目的在于企业的经营管理决策，其目标与企业目标一致。

3.1.4　企业内部业绩评价的行为内涵

　　由业绩评价主体及评价主体不同的评价目的可知，企业内部业绩评价的直接目标是实现企业的管理控制目的，最终目标是实现企业战略和企业目标。以上述评价目标为前提，结合业绩以及业绩评价的行为过程，本书提出企业内部业绩评价的行为内涵：企业内部业绩评价是一种企业内部的管理决策行为，是企业内部业绩评价主体对企业内部业绩评价客体（即业绩主体）过去行为的效率和效果进行量化及综合的价值判断，并在此基础上通过管理决策对业绩评价客体行为实施影响，从而引导业绩主体实现企业目标的行为过程。

　　业绩主体和评价主体分别构成了业绩评价系统的两个重要主体。评价的行为过程体现了业绩指标对业绩的量化。具体标准和方法的选择，以评价目标为前提。评价行为的结果形成业绩评价报告。由此，企业内部业绩评价的传统定义与行为内涵在系统要素的层面上被统一起来。而内部业绩评价系统的形成、发展以及构成要素的确定是以业绩评价的传统理论为基础的。

3.2 内部业绩评价的传统理论基础

根据与企业内部业绩评价系统相关性远近的原则，综合考察各理论与本书研究的核心问题之间的不同支持关系，将企业内部业绩评价的传统理论基础区分为三类：第一类为企业内部业绩评价的基础理论，用来提供与企业内部业绩评价行为产生和发展有关的基础性证据；第二类为企业内部业绩评价的支持理论，用以从系统整合的角度，为企业内部业绩评价研究提供前后一贯的整体模型基础；第三类为核心理论，即在基础理论和支持理论之上，对业绩评价系统理论的具体构建。

3.2.1 内部业绩评价的基础理论

企业内部业绩评价理论的产生和发展，企业内部业绩评价实践的深化，都与经济理论和管理理论的创新密不可分。在众多的经济和管理理论当中，有些理论构成了业绩评价系统得以形成的基础理论部分，最有代表性的是委托代理理论和利益相关者理论。委托代理理论从契约论的角度，深入企业"黑箱"的内部，以交易费用为基础，为企业内部业绩评价系统的形成提供了根本的经济学理论基础；而利益相关者理论则为企业内部业绩评价系统朝着综合系统的方向发展提供了理论支撑。虽然与企业内部业绩评价发展相关的基础理论还有很多，但是从"直接相关性"的原则出发，本书只选择了以下最直接、最有解释力的两个证据作为企业内部业绩评价传统理论的基础理论部分。

3.2.1.1 委托—代理理论

委托—代理理论产生于 20 世纪 60 年代末 70 年代初。当时的经济学家在阿罗—德布鲁体系中的企业"黑箱"理论的基础上，开始深入研究关于企业内部信息的不对称和激励问题，希望更全面地理解企业这一经济组织，由此产生了现代企业理论。委托—代理理论是现代企业理论的重要组成部分，是契约理论重要的发展。委托—代理理论的发展最初是为了应对所有权和控制权分离所产生的问题，后来逐步扩展到更多层次的委托—代理关系研究。这一理论的创始人包括威尔森（Wilson）、斯宾塞（Spence）、泽克海森（Zeckhavser）、罗斯（Rose）、莫里斯（Mirrlees）、霍姆斯特姆（Holmstrom）、格罗斯曼（Grossman）和哈特（Hart）等（Akerlof, 1982）。

委托—代理理论试图模型化如下一类的问题：一个委托人想使另一个代理人按照前者的利益选择行动，但委托人不能直接观测到代理人选择了什么行动，能观测到的只是一些变量，这些变量由代理人的行动和其他的外生随机因素共同决定，委托人的问题是如何根据这些观测到的信息来奖惩代理人，以激励代理人选择对委托人最有利的行动（张维迎，1996）。这一理论大大改进了经济学家对股东、管理者、工人之间内在关系以及更一般的市场交易关系的理解。委托—代理理论的模型阐述为企业外部业绩评价提供了最有力的直接证据。然而，委托代理理论中并非只包括"所有者—经营者"这一单层的委托代理关系。在企业中，真实的情况是多重委托代理关系同时存在，如"管理层—职工""股东—职工"之间的委托代理。多重委托代理关系的存在为企业内部业绩评价研究提供了理论支撑。

委托—代理关系，就是一种契约关系。通过这一契约，一个人或一些人（委托人）授权给另一人（代理人）为委托人的利益从事某项活动（张维迎，1996）。委托代理关系的目的是追求分工效果和规模效果。委托人和代理人之间的利益不一致和信息不对称，导致代理成本产生，为了减少委托代理关系带来的效率损失，降低代理成本，20 世纪 70 年代后，经济学家进一步发展了委托代理理论。

委托代理理论的研究方法有两个方向：一是实证研究，称为"代理成本理论"或"实证代理理论"。研究特点是凭借直觉，侧重于分析签订契约和控制社会因素，开创者为阿尔钦（Alchian）、德姆塞茨（Demsetz）、詹森（Jensen）和麦克林（Mecking）等。二是规范研究，又称"委托人—代理人理论"。其特点是使用正式的数学模型，通过阐明各种模型所需的准确的信息假定，来探讨委托人和代理人之间的激励机制和风险分配机制，其开创者是威尔森（Wilson）、斯宾塞（Spence）、罗斯（Ross）和哈特（Hart）等。这两种方法相互补充，本质上都是致力于发展一种合约理论，旨在使受自我利益驱动的代理人能以委托人的效用目标为准则，使代理人成本最小化（马克和佩雷思，2004）。其中，"委托人—代理人理论"的研究方法，对会计学中企业内部业绩评价系统的研究具有重要意义。

罗斯（Ross，1973）最早提出了"委托人—代理人"的概念。委托人—代理人理论，是由信息经济学的一个分支——非对称条件下的经济分析发展起来的。它集中研究"如何设计一个补偿系统（契约）来驱动另一个人（他的代理人）为委托人的利益行动"。在委托人—代理人理论中，委托人—代理人关系泛指任何一种涉及非对称信息的交易，而在交易中具有信息优势的一方称为代理人，另一方称为委托人。因此，该理论认为，从一般意义上讲，委托代理问题产生的原因就是委托人和代理人之间的利益不一致和信息不对称。

莫里斯（Mirrlees，1974，1975，1976）用"分布函数的参数化法"和著名的"一阶化"方法建立了标准委托人—代理人模型的数学表达式，以此研究非对称信息下的激励模型和监督约束机制。[①]

标准的委托人—代理人模型以委托人与代理人之间的信息不对称为前提，考虑到委托人不能直接观测到代理人的行动，而只能观测到其行动的结果，但结果受到行动和其他因素的共同影响，从而建立了标准的数学模

[①] 转引自：陈维义. 基于多重委托代理关系的企业职工参与管理研究［D］. 沈阳：东北大学，2005.

型：e 表示代理人某一特定的努力程度；θ 表示不受代理人控制的外生变量（自然状态）；e 和 θ 共同决定一个成果 π（如利润），则 π = π(e, θ)。在 e、θ 和 π 中，只有 π 可以准确观察。S 是委托人付给代理人的报酬，其大小同利润的多少有关，即报酬为 π 的函数：S = S(π)。C 为代理人努力程度带来的负效用，为 e 的函数，即 C = C(e)。这样，委托人和代理人的效用函数分别为：V = V(π) − S(π) 和 U = U(S(π) − C(e))。

委托人在最优化其期望效用函数时，必须面对来自代理人的两个约束。第一个约束是参与约束，即代理人在接受该委托事务时预期的效用至少不低于其从事其他任何事务的效用；第二个约束是代理人的激励相容约束，即委托人为实现自身效用最大化而要求代理人的努力程度必须也使代理人自身的效用最大化。

以上是关于委托人—代理人模型的简单描述，这一模型是基于经济学假设建立起来的，虽然与企业的现实情况相比，模型简化了很多复杂的因素，但是，委托人—代理人理论仍然为企业内部业绩评价研究提供了最直接的理论依据。莫里斯提出的数学模型以更科学的方式表明了委托人和代理人各自的期望效用函数以及影响期望效用的变量，这使得该模型可以更一般性地应用于企业内部的不同组织层级。企业内部多重委托人—代理人关系的存在以及委托人与代理人之间利益的不相容与信息的不对称成为企业内部业绩评价行为存在的根源。因此，业绩评价系统的建立从本质上说，就是要建立一种计划、控制和激励的方法，在委托人与代理人利益不相容和信息不对称的条件下，使代理人的行为符合委托人的利益，即实现两个期望效用函数模型的最大化。

3.2.1.2 利益相关者理论

利益相关者理论（stakeholder theory）于 20 世纪 60 年代前后，在美国、英国等国家中逐步发展起来。该理论认为，任何一个公司的发展都离不开各种利益相关者的投入或参与，企业不仅要为股东利益服务，同时也要保护包括企业职工在内的其他相关者的利益。

20 世纪 70 年代，艾可夫（Ackoff）提出，许多社会问题可以通过重构利益相关者的机制来解决，其中企业职工扮演了重要角色。

20世纪80年代以后，随着经济全球化的发展以及企业间竞争的日趋激烈，人们逐渐认识到经济学家早期从"是否影响企业生存"的角度界定利益相关者的方法有很大的局限性。弗里曼（Freeman, 2000）对利益相关者理论进行了较为详细的研究。他认为，利益相关者是能够影响一个组织目标的实现或者能够被组织实现目标过程影响的人。该定义提出了利益相关者的广义概念，不仅将主动影响企业目标的个人和群体视为利益相关者，同时还将受企业目标实现过程影响的个人和群体也看作利益相关者，并正式将当地社区、政府部门、环境保护主义者等实体纳入利益相关者管理的研究范畴，大大扩展了利益相关者的内涵。

20世纪90年代中期，美国经济学家布莱尔进一步发展了利益相关者的定义，认为利益相关者是所有那些向企业贡献了专用性资产，以及作为既成结果已经处于风险投资状况的人或集团（Blair, 1995）。[①]专用性资产的多少以及资产所承担的风险大小是利益相关者参与企业控制的依据，这为企业利益相关者参与企业所有权分配提供了可以参考的依据和衡量方法。此后，一些学者将利益相关者理论和分析方法应用于企业治理研究，逐步形成了企业利益相关者共同治理理论。企业利益相关者理论比较一致地认为，企业的本质是利益相关者的契约集合体，利益相关者是指那些在企业中真正拥有某种形式的投资并且处于风险之中的人，具体包括股东、经营者、员工、债权人、顾客、供应商、竞争者、国家等。

当利益相关者理论被纳入企业理论框架时，企业的本质开始有了更新的意义，企业应该为所有的利益相关者服务而不仅仅是股东。企业目标的转移使原来只关注股东利益的财务业绩评价指标体系以及只关注客户、员工等主要利益相关者利益的平衡计分卡评价系统都受到了批评。这样，在综合考虑其他利益相关者如供应商、定规者等利益的基础上，业绩三棱柱

---

① 转引自：陆庆平. 企业绩效评价论——基于利益相关者视角的研究 [M]. 北京：中国财政经济出版社, 2006: 42-44.

等更加综合的业绩评价模型被提出。发展趋势表明,企业内部业绩评价系统要兼顾企业各利益相关者的目标要求,但由于各个利益相关者之间需求或偏好的异质性,使得发展起来的业绩评价指标体系必然具有综合性的特征,进而可以在不同方向上显示企业业绩,也就是说,通过财务与非财务指标的互补和平衡来最大限度地满足各个利益相关者的要求,而这一趋势正是企业内部业绩评价系统发展的综合性特征。

3.2.2 内部业绩评价的支持理论

作为企业管理控制系统的重要组成部分(见图3-2),企业内部业绩评价系统不可能孤立存在。与该系统紧密相连且共同构成组织管理控制完整体系的两个子系统——前端的预算系统和后端的激励系统,对企业内部业绩评价系统运行起着至关重要的作用。各个相连系统的密切配合是每个系统高效运行的前提。因此,预算理论和激励理论可以称为企业内部业绩评价的两个支持理论,两个理论的发展带动了企业内部业绩评价行为的创新和进步。

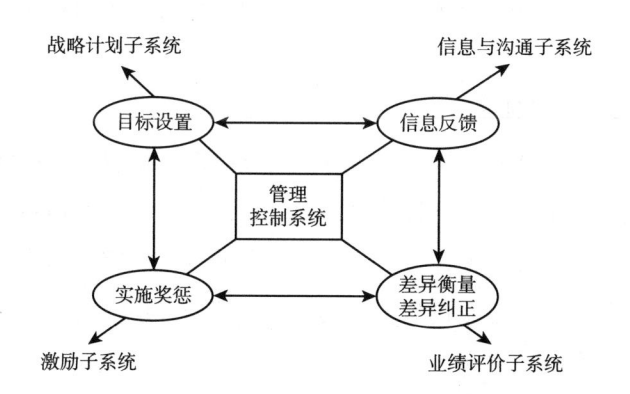

图3-2 管理控制系统构成

资料来源:池国华. 现代企业内部管理业绩评价系统设计研究 [D]. 大连:东北财经大学,2005.

3.2.2.1 预算理论

预算是一种系统的方法，用来分配组织的财务、实物以及人力等资源，以实现组织既定的目标。预算在当前企业中被广泛应用，其本身已经形成了完整的理论体系。预算本身并不是最终目的，而是要与相关的系统和方法进行配合，充当公司战略与业绩评价之间的一个联系工具。

预算在不同的应用领域可以形成不同的理论，从企业全面预算的角度来看，预算理论包括全面预算管理过程、预算种类、预算编制理论、预算功能等。其中，预算的过程与企业内部业绩评价的过程是整合为一体的。从预算的编制、执行、调整、分析到预算的评价，企业预算与业绩评价在本质上是同一个目标的两种不同实现方式，或者说是同一个目标的不同分解阶段。从广义角度来说，可以认为财务业绩的评价过程与预算过程是吻合的。而从狭义来看，两个系统的内容彼此交叉。例如，在预算的编制过程中，预算指标是以战略指标为基础，体现企业战略的实施，并且根据企业组织结构的分层被逐级分解，每个部门、每个员工承担一定的预算指标，使企业战略目标量化为财务指标，而这一过程也是企业内部业绩评价过程中非常重要的部分。因此，可以说，预算是企业内部业绩评价在财务指标方面的执行。预算理论的发展必然带来业绩评价理论的创新。

3.2.2.2 激励理论

激励理论无论在管理学还是经济学研究中都占据着重要的地位。本书在此对激励理论的阐述从会计学的角度进行，即着重从激励系统与业绩评价系统的关系角度加以论述。关于激励理论的具体内容，如人的动机、需求、关于人的假设等激励过程中的具体构成理论，将在内部业绩评价的行为理论基础部分进行介绍。

企业内部业绩评价与激励机制具有高度的相关性。业绩测量、业绩评价与激励机制是同一个议题的不同阶段，彼此紧密相关，对任何一个问题的研究都不可能单独进行。企业一般均以业绩评价的结果作为激励企业不同层次员工的依据；而业绩评价对组织内个体行为的引导作用最终是通过激励机制完成的。一个完整的激励机制包括激励对象、激励方式以及激励依据。

在企业中，激励的对象是组织中的人，包括不同层次的管理者和基层员工。从产业革命后到科学管理时期，激励对象主要集中在对基层员工激励问题的研究上，最具有代表性的是泰勒的"刺激性工资报酬制度"。随着竞争环境的变化，高级管理人才和高级技术人员的作用日益凸显，激励问题的研究对象也相应地转向对高级管理者和高级技术人员的激励。随着激励对象的转移，激励的方式也从短期薪酬转向长期股权激励方式，股票期权、员工持股计划等先进的激励方式不断被企业采纳使用。在短期薪酬制下，激励依据主要为业绩评价的财务指标，而在日益关注企业战略、核心竞争力和长期发展能力的今天，包含财务和非财务指标的综合指标正成为新的激励依据。激励依据的变化与业绩评价的发展是分不开的，但是这种综合指标的激励效果如何，对行为是否起到了确实有效的引导作用，这仍有待深入研究。

不难看出，业绩评价是激励的前提。在激励机制中，激励对象、激励方式和激励依据与业绩评价指标、业绩评价标准、业绩评价计分方法密切相关。激励是否有效以业绩计量和评价是否科学为基础。此外，激励机制的发展也对业绩评价提出了更高的要求。当激励实践已经发生变化时，相应的业绩评价系统必须作出反应。

3.2.3 内部业绩评价系统的构成要素

以委托—代理理论和利益相关者理论为基础，企业内部业绩评价系统得以建立和发展；以预算理论和激励理论为支撑，企业内部业绩评价系统得以在企业中作为管理控制过程的组成部分有效运行。但是，对企业内部业绩评价系统的研究还必须深入内部业绩评价系统的内部，考察其系统构成以及系统各组成要素之间的关系。共识的观点认为，企业内部业绩评价系统包括评价主体、评价客体、评价目标、评价指标、评价标准、评价方法和评价报告，系统整体以及系统内部各构成要素都有可能成为行为分析的对象。

3.2.3.1 评价主体

业绩评价的主体是指由谁进行评价。评价主体有外部评价主体和内部评价主体的区分。从不同层次的委托—代理关系来看，为解决不同层次委托人与代理人之间利益不相容的矛盾，基于不同的评价目的，不同的评价主体产生。在传统的所有者与经营者委托—代理关系层面，以股东为评价主体的企业外部业绩评价行为产生。此外，企业外部其他利益相关者与企业之间利益的矛盾和冲突，又形成了包括政府部门、金融机构、供应商、客户等主体在内的外部评价主体。在企业内部的多重委托代理关系中，形成了经营者对管理层的评价，评价主体为企业经营者；中层管理者对各基层管理者的评价，评价主体为中层管理者；基层管理者对操作层员工的业绩评价，评价主体为基层管理者。当然，各个评价层级之间并非严格划分，更高层次的评价主体拥有对多个下级客体进行评价的权利，不同层次评价主体的评价行为受客观因素和主观个性的双重影响。

3.2.3.2 评价客体

评价客体与评价主体相对应，回答对谁进行评价的问题。客体是由评价主体根据需要确定的，是与主体相对应的矛盾的另一方。根据多重委托代理关系以及不同层次的评价主体，企业内部业绩评价的客体主要包括管理层及基层员工。企业整体及经营者一般是企业外部业绩评价的客体。此外，从责任会计的角度来看，业绩评价的客体是指各个责任中心，包括成本中心、收入中心、投资中心、利润中心等，而以责任中心作为评价客体不是本书的研究范畴。

3.2.3.3 评价目标

企业内部业绩评价系统的目标与企业战略的制定和实施相关。企业内部业绩评价一方面为既定战略的实施提供控制信息，另一方面为下一阶段的战略调整提供信息支持。内部业绩评价不同层次的评价目标是根据战略在组织内的逐层分解而确定的。总体来说，企业内部业绩评价要为实现组织的愿景和价值增值服务。目标是系统设计和运行的指南，企业内部业绩评价的目标通过业绩评价系统的功能来实现。

3.2.3.4　评价指标

评价指标简单地说就是对什么进行评价，对评价客体的哪些方面进行评价。评价指标是企业内部业绩评价系统的核心，也是业绩评价系统发展最主要的体现。评价指标的选择要根据评价目标、评价客体的特性，并按照系统设计的原则进行确定。作为战略管理的工具，企业内部业绩评价关心的是评价客体与战略目标相关的方面。对影响企业战略目标实现的关键成功因素进行测量即为关键业绩指标。关键业绩指标反映企业的核心竞争能力，除战略性关键业绩指标之外，企业中还使用日常评价指标，用以监督企业的经营管理活动。企业内部业绩评价指标有财务与非财务之分，逐渐由财务指标向综合指标发展。根据不同的评价目标设计来选择不同的评价指标，指标之间要相互补充，指标的个数要适当。

3.2.3.5　评价标准

评价标准是对评价客体进行分析判断的标准。某项指标的具体评价标准是在一定的前提条件下产生的，具有相对性。不同的评价目标、范围和目的对应着不同的评价标准。较为常见的评价标准包括经验标准、预算标准、历史标准、行业标准和竞争对手标准等。为了全面发挥企业内部业绩评价系统的功能，在实务中应该根据具体的管理需要，综合运用各种不同的业绩评价标准。

3.2.3.6　评价方法

评价方法是企业进行业绩评价采用的具体手段。以评价指标和评价标准为基础，可以选择一定的评价方法具体运用这些指标和标准，取得公正的评价结果。没有科学、合理的评价方法，评价指标和评价标准也无法发挥作用。目前已经存在多种业绩评价方法，如综合分析判断法、模糊评价法、因子分析法等。

3.2.3.7 评价报告

将企业内部业绩评价的结果以文字信息的形式输出就形成了评价报告。它是系统的结论，对评价主体的进一步评价和评价客体的激励产生影响。根据不同的需要，评价报告可以有不同的格式，企业内部业绩评价报告服务于企业的内部经营管理，对标准的形式没有严格的要求，但报告中应包括评价主体、评价客体、数据来源、评价指标体系、评价标准、评价方法以及评价责任等核心内容。

3.3 内部业绩评价的行为理论基础

根据企业内部业绩评价的核心理论，企业内部业绩评价系统中包含两类主体：评价主体和评价客体。[①]两类主体在企业中的行为是企业业绩的来源。对企业内部业绩评价系统进行行为影响分析，不可忽略对行为主体本身行为特征的研究，评价主体的行为特征决定了其评价特征，评价客体的行为特征决定了其需求及工作动机。这些行为特征有作为"人"的行为共性，也有在不同的角色条件下完成不同工作时所具有的行为个性。只有对行为主体本身的行为特征进行研究，才有可能深入研究业绩评价系统或系统内构成要素（如评价指标体系）对行为主体的行为影响。本部分行为影响理论基础的论述，先从行为学的基本原理开始，考察理论研究不同阶段对"人"的不同假设，在此基础上提出管理心理学中的工作动机理论、角色理论作为具体的行为分析理论。

[①] 本书不以责任中心作为评价客体的划分标准，而是以企业内部的多重委托代理关系为依据，研究不同层次的评价客体，评价客体以企业中的"人"为主。

3.3.1 行为影响研究的基础理论——行为学五项基本原理

人类对行为问题的研究始于心理学1913年华生的小白鼠跑迷津实验。行为理论发展至今已经形成了一个单独的学科,即行为科学。将行为科学的研究成果应用于管理学、会计学等社会科学领域,形成了不同的学科分支或方法论,如组织行为学、行为会计等。作为企业内部业绩评价行为分析的理论基础,对行为学的总论是必要的。1974年乔治·何梦思在《社会行为的基本形态》中总结了行为学的五项基本原理,[①]这五项原理为一般意义上的行为分析提供了基本的原则和方向。

3.3.1.1 回报原理

动物的任何行为,其后果越被行为主体认作是"奖励",其行为就越可能在将来被重复。虽然这一原理无法预测特定行为在何种场合下出现,但它表明,动物行为具有强烈的路径依赖性,即过去的行为通过回报原则影响着未来的行为。

3.3.1.2 激励原理

如果行为的激励在过去曾经出现过并且诱发了带来回报的行为,那么,眼下的场合与激励越是与过去发生过的回报行为相似,这些场合与激励就越可能诱发类似的行为。一切生物(动物和植物),在生存竞争和演化过程中,都具有某种学习能力,通过这一能力所获得的称为"知识"。与通过基因遗传的生物特征不同,学习所得的知识很难从母代"遗传"给子代,虽然最近的研究表明"获得性遗传"可能具有更广泛的、知识学方面的含义。学习,基本上是"个体"生物的行为。遗传,基本上是"群体"生物的行为。基于动物的"能动性",动物通常比植物表现出更强烈的"个体性"。

---

① 转引自:汪丁丁. 经济学视角下的行为与意义[J]. 学术月刊, 2003(10): 94-102.

3.3.1.3 评价原理

任何行为，对行为主体而言，其后果所具有的价值越高，其行为就越可能发生。与上面列出的两项原理不同，评价原则不依赖于外在场合提供的行为激励，它从内部产生行为的理由，即通常所说的"意义"。因此，价值原则适用于较高级的生物，与低等生物不同，高级动物常在没有任何外部激励的情况下冲动着要去做某些事情。评价原理也被用来解释我们日常生活中大量出现的"非理性行为"，如某人急急忙忙去做某件毫无意义的事情。其实，那件事情只是在旁人看来毫无意义，而它在行为主体的评价体系里或许占据了极其重要的位置。

3.3.1.4 边际递减原理

对行为的任何一种回报，在最近的过去发生的次数越多，它对行为主体的价值也就越低。行为学和经济学的这一基本原理，来自19世纪中叶德国神经生理学家韦伯和费希纳的实验结果——神经元对新的刺激的反应强度随单位时间内受到的同类刺激的强度而降低，这被称为"韦伯－费希纳"定律。正是从这一心理学传统中，产生了埃奇沃斯的《数学心理学》，奠定了经济学效用分析的基础。

3.3.1.5 过激满足原理

当行为主体没有从特定行为中获得预期的回报甚或受到了出乎意料的惩罚时，行为主体会被激怒，会实施报复行为，会赋予报复行为更高的价值；当行为主体从特定行为中得到了出乎意料的回报或受到低于预期的惩罚时，行为主体会感到高兴，会更倾向于重复该行为，并且相应地调高对该行为的评价。

以上行为学的五项基本原理符合人类本身的经验感受，而且，部分原则已经经过心理学、神经元经济学等不同学科的经验检验。这五项原理一方面为我们的行为分析提供了方向上的指导；另一方面使我们看到，当前的企业内部业绩评价研究在很大程度上忽视了对行为和意义的研究。企业内部业绩评价系统的构建研究实际上隐含着这样的行为假设：内部业绩评价系统以有利于组织目标实现的方式影响组织内个体行为。这种假设与对"人"的假设以及对人的行为方式的假设有关，评价者或研究者所持有或赞同的理论会影响其对组织成员或评价系统的观点，在不同的行为假设以及不同的工作动机理论的指导下，评价体系的建立和评价工具的选择可能完全不同。因此，关于"人"的不同假设以及人的行为方式理论，就成为企业内部业绩评价行为影响分析的理论起点。

3.3.2 行为影响研究的分析理论——人性假设、动机计算、角色理论

对企业内部业绩评价进行行为影响研究的过程中，使用的行为分析理论由以下三部分组成：第一部分是作为个体行为分析基础的人性假设理论以及人的行为方式理论；第二部分是作为行为决定因素的动机计算理论；第三部分是行为影响实证分析和探索性研究中具体使用的角色理论。

3.3.2.1 人性假设理论

管理理论的研究成果离不开对人性的基础假定。虽然未经证明，但不同时代关于人性的不同假定都代表了当时时代的主导情绪或舆论环境。例如，行为科学家道格拉斯·麦格雷戈（Douglas McGregor）认为每一种管理决策或管理行为都以关于人性及人的行为的假设为后盾。[1]按照历史发展的顺序，西方学者关于人性的假设理论经历了以下阶段：经济人假设、社会人假设、自我实现人假设、复杂人假设以及心理假设。

(1)"经济人"假设（rational-economic assumption）。

"经济人"假设又称"实利人"或"惟利人"假设，产生于早期的科学管理时期，理论来源是西方的"享乐主义"哲学和亚当·斯密的劳动交换经济理论。经济人假设认为，趋利避害是人的本性，追求物质利益的最

---

[1] McGregor D. The Human Side of Enterprise [M]. New York: McGrawHill, 1960: 20.

大化是个人行为的根本动机与根本出发点（Adam Smith，1981）。因此，管理上主张采用任务管理方式，认为管理工作只是少数人的事，在奖惩方面，用金钱等经济因素刺激人的劳动积极性，用强制性的严厉惩罚去处理消极怠工者，即把奖惩建立在"胡萝卜加大棒政策"的基础上（李磊等，2006）。最早提出"经济人"概念的是美国心理学家麦格雷戈，他于1957年在美国《管理评论》杂志上发表了《企业的人性问题》一文，将以"经济人"人性假设为指导依据的管理理论概括为X理论。在当时的管理理论中，泰勒制是"经济人"假设的典型代表。泰勒制以X理论为基础，以严格控制和严密监督为根本特征，只考虑如何提高生产效率而对工人的心理需要和思想感情漠不关心。[①]

（2）"社会人"假设（social assumption）。

"社会人"有时也译为"社交人"，产生于20世纪30年代至50年代。沙因（Edgar H. Schein）对"社会人"特征的概括为，"我们本质上是社会的动物，而且是从与他人的关系中获得对我们自己身份的基本认识。作为必要的工作合理化的结果，许多有意义的东西已经从工作本身脱离了出来，而我们能够从工作的社会关系中找到它们。管理的效力取决于，能够在多大程度上调动和依赖这些社会关系"[②]。"社会人"假设建立在社会心理学家梅奥（Elton Mayo）的人际关系学说理论基础之上。经过长达十年之久的霍桑实验，梅奥提出了人际关系学说，在1933年出版的《工业文明的人性问题》一书中，提出了"社会人"假设的基本观点：人不仅是经济人，更是社会人；人的心理、感情等社会性因素将从根本上影响员工的劳动积极性；组织中存在"非正式群体"；有必要建立新型领导方式。基于"社会人"假定的管理强调对人的关心和人需要的满足；管理人员不能只注意指挥、监督、计划和组织，更应该注意员工之间的人际关系，努

[①] 关于"经济人"假设的发展，详见：徐传谌，张万成."经济人"假设的发展[J]. 当代经济研究，2004（2）：27-31.

[②] 查尔斯·汉迪. 组织的概念[M]. 方海萍，译. 北京：中国人民大学出版社，2006：26-27.

力提高职工的认同感、归属感、整体感，激励职工对组织的奉献精神，培养员工的群体意识，增进组织的凝聚力；在实行奖惩时，主张实行集体奖励制度，提出"参与管理"的新型管理方式。

(3) "自我实现人"假设（self-actualizing assmuption）。

"自我实现人"也称"自动人"，于20世纪50年代由美国心理学家马斯洛（Abraham H. Maslow）、阿基里斯（C. Argyris）和麦格雷戈（Douglas Mcgregor）等提出。自我实现假定认为，人从根本上是能够自我激发和自我控制的，外部控制和压力可能会被认为是对个体自治权的削弱，从而影响行为的动机。如果有机会，人们会主动将自己的目标与组织目标结合在一起。马斯洛认为，最理想的人就是"自我实现"的人，但现实中这种人是少数。由于社会环境的限制，多数人不能达到"自我实现"的水平。阿基里斯（2007）认为，"人是一个不断发展成熟的有机体……在我们的文化中，一般认为人的发展有如下趋势：从被动状态向主动状态发展；从依赖状态向独立状态发展；从有限行为方式向多种行为方式发展；兴趣从经常变化、随意、肤浅短暂向相对持久和专一发展；从只顾当前向有长远打算发展；由从属地位向平等甚至支配地位发展；从缺乏自觉向自觉自制发展"。当一个人发展成为一个成熟的个体时，其人格中的基本特征就表现出自我实现的要求。麦格雷戈总结了马斯洛、阿基里斯等的观点，提出了与X理论相对立的Y理论，认为人并非天生懒惰，人们对工作的喜欢与憎恶取决于工作对他是一种满足还是一种惩罚，而这要视控制条件而定。在正常情况下人们愿意承担责任，都热衷于发挥自己的才能和创造性，具有自我实现的需要。基于"自我实现人"假设的管理，将管理的重点从"经济人"假设的重任务、"社会人"假设的重人际关系，发展为重工作环境；在激励方式上，强调内在激励因素的重要性，关注工作所带来的知识增长、才能增加以及个人潜能的充分发挥。赞成"自我实现人"假设的管理学者主张下放管理权限，建立决策参与制度、提案制度、劳资会议制度等，主张制定发展计划，让职工自己选择工作。"自我实现人"假设与"经济人"假设是同一个发展过程的两个极端，各有其合理性和弊端，人格的形成与发展是一定物质基础之上，家庭、学校、社会等多方面内、外环境因素作用的结果，不可偏执一端。

(4)"复杂人"假设（complex assumption）。

"复杂人"假设产生于20世纪60年代末至70年代初，由组织心理学家沙因等人提出。沙因支持"复杂人"的概念，认为人是可变的，人都有很多动机，这些动机在任何时间都会形成一定的层次，但是具体的层级结构可能会根据时间和环境而有所变化。我们无须在所有情形中都满足我们所有的需求。我们可以对多种管理战略作出反应，至于我们是否会作出相应的反应，则取决于我们认为动机是否适合当时的环境和我们的需要。

根据"复杂人"假设，莫尔斯（J. Morse）和洛希（J. W. Lorsch）提出一种新的管理理论——权变理论（contingency theory），也称"超Y理论"。该理论认为，由于人的需要的变动性、动机的复杂性以及动机与环境之间的互动性，人对于不同的管理方式会有不同的反应。因此，不存在一种适合于任何时代、任何组织和任何个人的普遍有效的管理模式，应该依据组织的情况，采取相应的管理方法。

(5)心理假定（psychological assumption）。

这类理论是由莱文森（Levinson）沿着雅克（Jacques）和扎莱兹尼克（Zaleznik）的思路提出的。心理假定认为，人是一个复杂、不断演变、成熟的有机体，会经历若干生理和心理的发展阶段。人会将一个自我的想法发展成为一种个人所为之奋斗的理想。在低层的动机如饥饿、安全等之外，人最强大的动机是追求理想。人对自身现状的认知与理想之间的差距越大，就会越对自己感到气恼和内疚。工作是自我认知和自我理想的一部分。基于心理假定的管理理论对一个人的激励，是要设法让他拥有为自己的理想而努力奋斗的机会。

以人性的基本假设为基础，行为学家还对人的行为方式进行了大量研究，研究结果表明，除了经济学中的"理性"行为方式，有限理性、无意识甚至是非理性的行为方式在现实生活中更为常见。行为经济学对经济学"经济人"理性行为方式的挑战将经济学的发展推入第三阶段，同时将人的行为方式理论发展为与人类的现实行为更加接近的结果。

3.3.2.2 人的行为方式理论

主流经济学研究一直将以经济人假设为基础的理性行为方式作为经济学研究的基本前提。20世纪中叶以后,许多成果一致地、系统地偏离了主流经济学的前提假设,在心理学引入经济学之后,某种程度上出现了经济动机和心理动机的二元主义倾向,有关人的行为方式理论的演进过程可以概述如下。

(1) 古典、新古典经济学的理性行为方式。

古典经济学的代表亚当·斯密(1981)认为,"每个人都力求运用他的资本,生产出最大的价值。一般而言,他既不打算促进公共利益,也不知道促进多少。他只考虑自己的安全,自己的所得"。自从亚当·斯密在《国富论》中提出经济人的原始含义以后,帕累托(Pareto)、边沁(Jeremy Bentham)等经济学家对"经济人"概念进行了扩充。约翰·穆勒(John Stuart Mill)依据斯密对经济人的描述和西尼尔提出的个人经济利益最大化公理,明确提出并阐述了"理性经济人"假设。他认为,一个健康而理性的人总是趋利避害,选择最高的"可期待的功利"。根据理性经济人假设,理性经济人具备"理性行为"和"经济人"的完整内涵,"理性"和"自利"是理性经济人的两个基本特征。在行为能力上,理性经济人具有有序偏好、完备信息和无懈可击的计算能力,会选择最能满足自己偏好的行为。[①]

在马歇尔新古典经济学中,"经济人"的假设又不断地被抽象化和理想化,"理性"被极端化地理解为仅仅是一种数学的计算,也就是追求效用最大化的工具,"经济人"被转化为一种理性选择的概念,即目标函数的极大化。正是由于古典经济学和新古典经济学对人类行为进行了抽象与演绎,经济学的框架才得以形成,传统经济学就是建立在这一理论基石之上的(马涛,2004)。

---

① 新帕尔格雷夫经济学大词典[M].北京:经济科学出版社,1996.

传统经济学中的理性经济人假设使人类行为凸显出以下三个不现实的特征：无限理性、无限控制力量和无限极端自私。这使得理性行为方式遭到经济学家、心理学家、社会学家等的批评和质疑，从而提出了关于人类行为方式新的理论。

(2) 西蒙的有限理性行为方式。

诺贝尔经济学奖获得者赫伯特·西蒙（H. Simon）最早把有限理性的概念引入经济学，并建立了有关过程理性假设的各种模型。西蒙（1989）认为，人们在决策过程中只能寻求满意解而难以寻求最优解，行为主体打算做到理性，但现实中却只能有限度地实现理性。西蒙特别强调人自身理性能力的限制，这种限制表现在个人准确无误地接受、储存、检索、传递、处理信息的能力在水平和储量上所受到的限制。所以西蒙说："我们可以把那类考虑到活动者信息处理能力限度的理论称为有限理性论。"西蒙有限理性假说的提出，无疑具有重要的理论意义，因为有限理性假设指出了人们在经济行为中，由于受到所掌握信息、知识等内在原因和制度伦理等外在原因的限制而不可能追求经济利益最大化的"完全理性"。

但是，西蒙的有限理性假说也是有缺陷的，有限理性假说在强调客观条件对人完全理性约束的同时，实际上已经把有限理性限定为"理性不及"的约束型有限理性，而忽略了现实中还存在着以理性"无知"或理性"非理性"为表现形式的理性节约型有限理性。另外，西蒙有限理性假说在强调信息、内在原因和外在原因对人理性行为约束时，也忽略了利用这些约束条件对人行为的影响分析。因此，将西蒙假设的"有限理性人"定义为"理性不及的经济人"似乎更加恰当。

(3) 新制度经济学对人的行为方式的拓展。

威廉姆森（Williamson，1975）接受了西蒙的有限理性学说，他曾对有限理性进行了分析，指出经济契约人在接受、储存、检索、传递、处理信息以及语言运用等方面的认知能力不足会影响人的决策。也正是因为人的理性是有限的，行为人就不可能对复杂和不确定的环境一览无余，也不可能获得关于环境现在和将来变化的所有信息，因此，在这种情况下，一些人就可能利用某种有利的信息条件实施机会行为。威廉姆森解释了机会行为，他说："人会借助于不正当的手段谋取利益，其动机强烈而复杂。经济活动人会以狡黠的方式追求自身的利益，他会随机应变，投机取巧，他会有目的地、有策略地利用信息（包括有时说谎、隐瞒、欺骗）。"威廉姆森（1975）认为，只要是经济人，就必然会不择手段地追求个人利益。这事实上是对传统经济学理性经济人假设中"自利"含义的进一步拓展。显然，威廉姆森的机会主义倾向假设实际上是对追求自身利益最大化假设的重要补充，使其更加接近现实（贺卫，1997）。

新制度经济学的另一位著名代表人物诺斯，也对传统理性经济人的假设进行了修正。诺斯（1994）先对传统经济学中理性经济人假设的"自利"原则提出了批评，他说："人类行为比经济学家模型中的个人效用函数所包含的内容更为复杂。有许多情况不仅是一种财富最大化行为，而是利他的和自我施加的约束，它们会根本改变人们实际作出选择的结果。"诺斯修正了理性经济人假设，提出了更接近现实的人性假设，在他建立的个人预期效用函数中，不仅包括财富最大化行为，还包括诸如利他主义、意识形态和自愿负担约束等其他非财富最大化行为。诺斯强调意识形态对经济人的约束作用，可见他是承认有限理性假设的，即经济人只能在特定的制度环境约束中最大化自己的效用。同时，他也承认机会主义假设，但他认为特定的意识形态对经济人的机会主义具有"淡化"作用，如人类的利他行为和克服了"搭便车"的大集团行动。诺斯从意识形态的角度发展了"经济人"假设，在他的论证中，似乎当意识形态因素包含进去后，人们的行为就非理性了，但是他没有能够提出一个意识形态的实证理论。

(4) 莱宾斯坦的"X（低）效率理论"。

1966年，莱宾斯坦（Leibenstan）通过对现实的观察，抓住传统经济学理性经济人假设与现实不一致的缺点，开始对它进行全面批判，并提出了著名的"X（低）效率理论"。该理论认为，企业的投入与产出不完全决定于单纯的资金与技术因素，在影响投入与产出的因果关系中，还存在着人的行为动机因素。企业和家庭并不是最基本的决策和行为单位，要认识和理解经济现象，就必须考察个人的行为。莱宾斯坦在"X（低）效率理论"中提出了选择理性的概念。他指出，人既不像新古典学派所认为的是完全理性，也不是有限理性或非理性，而是具有选择理性。个人选择理性的程度取决于个人所处的外部环境。在现实生活中，委托人与代理人的利益并不总是一致的，由于减少努力使利润减少，却使代理人身心得以放松，从而提高了个人的效用水平，那么在不确定的环境和不完备的合同约束下，代理人"是以他认为最佳的方式来努力的"。"X效率理论"认为，由于人的行为具有惰性特征，人通常希望在"惰性区域"从事工作，因此，人的行为也不可能都是全力以赴的，这就是企业不能实现利润最大化的原因之一（张勇，2005；孙绍荣等，2007）。

（5）行为经济学对非理性行为方式的研究。

行为经济学是具有重要影响的经济学流派，行为经济学对非理性行为的研究增强了理论对现实的解释力。行为经济学派的奠基人丹尼尔·卡尼曼（Daniel Kahneman）和特维斯基（Tversky）经过大量研究指出，个体的行为除了受到利益的驱使，同样也受到自己的"灵活偏好"及个性心理特征、价值观、信念等多种心理因素的影响。经济生活中的种种"反常现象"（anomalies）和悖论（paradox）正是对经济学完全理性和最大化原则的严峻挑战。

20世纪70年代，卡尼曼和特维斯基通过调查和实验，提出了不确定条件下的启发式认知偏向（heuristic bias）和前景理论（prospect theory）(Tversky & Kahneman, 1974, 1979)。他们认为，人们在不确定条件下作判断并不能收集所有的信息进行理性的概率统计判断，而是依赖于有限的直觉启发原则。其中，四种有代表性的启发式偏向为代表性偏向（representativeness）、可得性偏向（availability）、锚定与调整（anchoring and adjustment）以及小数法则（the law of small number）。启发式认知偏向的存在表明，人们在行为过程中经常是非理性的，常常在判断过程中走一些思维的捷径,而这些思维捷径有时帮助人们快速作出准确的判断,有时会导致判断的偏差,从而导致行为非理性。此外,"前景理论"解释了"阿莱斯悖论",用基于参考水平的决策行为假设解释了人们的损失厌恶心理,并将人们的决策过程分为编辑(editing)和评估(evaluation)两个阶段,指出决策者的决策行为一方面受主观价值的影响(价值函数),另一方面是决策者对概率的感知(权重函数)。

前景理论使人类对不确定条件下的判断和决策研究有了深入的认识,为人类偏离理性的非理性决策行为提供了新的理论解释。在此基础上,理查德·塞勒(Richard Thaler)将卡尼曼的认知心理学规律与经济学结合,提出了决策行为的"心理账户"理论(mental account)。塞勒认为,不管是企业、家庭或者个人,都有一个潜在的心理账户系统(Thaler,1985)。与传统的会计账户不同,心理账户最本质的特征是"非替代性",也就是说,不同账户的金钱不能完全替代,由此使人们产生"此钱非彼钱"的认知错觉,从而导致一系列的非理性经济决策行为。

上述理论演进的结果表明,理论界对人类行为的研究正尽可能地接近现实,人作为一个有思维、有情感、有理性、有直觉的多维综合体,是理性与非理性的统一。人类的认知局限以及外在的环境结构都可能导致非理性行为的产生,具体的研究过程中,需要以人类的行为过程为基础,充分考察多种因素可能产生的行为影响。

3.3.2.3　动机计算理论

动机(motivation)被定义为一种过程,它体现了个体为实现目标而付出的努力强度、方向和坚持性(斯蒂芬·P. 罗宾斯,2005)。动机是人类行为的直接动力原因,人的各种活动都是通过动机的推动作用而实现的。对于人的行为差异,除了遗传因素和学习因素外,动机因素是一个主要的决定因素。动机理论通常与激励理论相关,一个基本的激励过程如图3-3所示。

由图3-3可知,对需要、动机、行为和激励的研究是无法分开的。管理学认为,人某种行为的出现必然有其动机,而某个行为动机的产生必然有其诱因，动机是行为出现的前提，而诱因是动机产生的前提。罗宾斯（Robbins, 2003）指出，需要（need）是一种内部状态，指由于某种生理和心理的缺憾而使得某种结果具有吸引力。当需要未被满足时就会产生紧张，进而激发个体的内驱力，即动机这种内驱力将导致个体寻求特定目标的行为。如果最终目标实现，则需要得到满足，紧张得以解除。早期的动机理论包括满足理论（satisfaction theories）、诱因理论（incentive theories）和本质理论（intrinsic theories）。这些理论与我们熟悉的某些激励理论有密切的关联，例如，诱因理论与强化理论相关，本质理论以马斯洛的需求层次论为基础等。在此，本书的观点是，如果可以了解并预测一个人会受到何种动机的激励，那么我们就可以通过改变动机过程来影响人们的行为。因此，对动机理论的论述将不以成熟的激励理论为核心内容，旨在提供一个关于动机计算的理论模型，以此统一不同的理论立场，形成有用的行为分析理论基础模型。

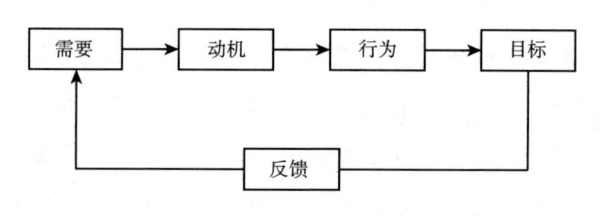

图 3-3　激励过程

图 3-4 是动机计算模型的骨架，由查尔斯·汉迪提出。汉迪将该模型作为个人应对具体决策的方式（如做某事还是不做，去还是不去，是否要投入时间、经历和才能等）。该模型的基础是，人都是自主的生物体，能够在一定程度上控制自己的命运和对压力的反应，从而能够选择自己的目标和实现目标的方法。

其中，E 要素是指努力（Effort）、精力（Energy）、兴奋（Excitement）、支出（Expenditure）等几个以 E 开头的投入因素。该模型表明，每个人都有一系列的需求和希望达成的后果，通过计算，可以确定投入多少 E 要素，计算的过程可以是瞬间作出的，也可以是思考后的结果。关于需求我们可以借鉴已有的需求理论，如马斯洛的需求层次理论、罗特利斯伯格和迪克森对马斯洛需求理论的补充、赫兹伯格的双因素理论，以及麦克兰德等关于交往需求、权利需求、成就需求的理论等，以构建个人的需求组。对后果的预期应该是明确的，否则计算将变得困难或无法进行（如果根据后果进行业绩奖励，行为者通常会把后果的标准设置得比没有业绩奖励时低，也就是说目标管理可能会降低业绩，这一点要引起注意）。计算过程是综合需求的强度（多少）、期望 E 要素能够带来的特别后果以及这一后果对降低需求的作用而进行的，计算具有主观性且符合乘法法则（需求强度、期望和作用之间是乘法关系，如果其中一个因素为零，那么最后的结果就为零）。生活中大多数决策是建立在先例的基础上的，类似的环境产生了相似的反应，而不需要再一次经过深思熟虑的计算。因此，需要予以关注的是开创性先例的计算。通过以上分析，可以将个人决策模型进一步复杂化为如图 3-5 所示的动机计算基本模型。

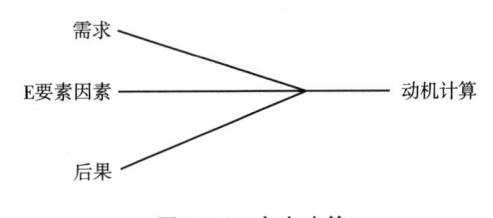

图 3-4 个人决策

资料来源：查尔斯·汉迪. 组织的概念 [M]. 方海萍, 译. 北京：中国人民大学出版社, 2006.

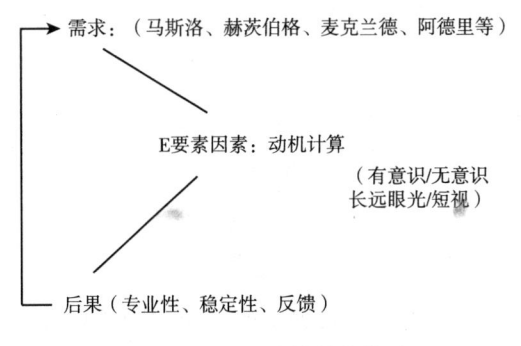

图 3-5 动机计算基本模型

3.3.2.4 角色理论

根据动机计算理论，导致个体行为改变的重要决定因素是动机计算的结果，动机计算理论是一种最终和最根本的决策制定机制，但是对于组织中的个体而言，这种动机与需要是一种个体的内在心理状态，难以观察和测量，因此，我们需要在动机计算理论的基础上，使用另外一种语言和框架来理解和预测企业组织内个人的行为，即角色理论。角色理论将成为对企业内部业绩评价进行行为影响研究的主要分析理论。

不难理解的是，我们每一个人在任何场合中，都在根据周围环境的状况扮演着一定的角色，主体在角色中的表现主要依赖于两组影响力：一个是主体本身的力量，如个性、品质、技能等；另一个是环境的力量。企业内部业绩评价的行为影响研究实质上就是要考察：外部的环境力量（企业内部业绩评价系统）如何影响组织内个体的角色定位，进而影响个体的行为和业绩。

德国社会学家格奥尔格·齐美尔最早使用了"角色"概念。其后，美国社会学家、人类学家乔治·赫伯特·米德（G. H. Mead）将戏剧、电影中的"角色"借用到社会学中，用来讨论个人与社会的关系。20世纪30年代开始，美国社会学的主要流派——芝加哥学派开始系统地使用"角色"概念作为研究社会结构的起点。从此，"社会角色"便逐渐成为社会学的基本概念之一，并逐步发展出"社会角色""角色丛""角色冲突""角色模糊""角色学习"等一系列概念，最终发展成为社会学理论中对社会个体行为模式进行系统解释和研究的理论框架。

社会角色的定义可以概括为以下三种：①社会角色是一套行为模式。例如，弗里德曼等（1985）指出，社会角色是关于人们在特定类型的关系中应当如何行动的一套规则。②社会角色是符合组织或群体期望的系统。例如，蒂博（1959）认为，角色是他人对相互作用中处于一定地位的个体的行为的期望系统，也是占有一定地位的个体对自身行为的期望系统。③社会角色由个人的组织地位和身份决定，而并非自己认定。例如，林顿（1936）认为，当个体根据他在社会中所处的地位实现自己的权利和义务时,他就扮演着相应的角色。角色的内涵随着社会实践的发展而不断更新(李磊等,2006)。可以认为,社会角色是社会对个人职能的一种分工。每个角色都代表着一套有关行为的社会准则,这些社会准则规定了个人在充当某一特定角色时所应有的行为和活动方式。在企业中,个体主要以工作角色的形式存在,从某种意义上说,无数个体构成了一个工作角色网络。在这个网络中,每一个人的社会角色都不是与生俱来的,而是依据组织的期望,在自我认识的基础上适应企业组织环境所表现出来的行为模式。这一行为模式一方面取决于个体所处的社会地位、环境、社会规范等外在因素,另一方面又受到个体的主观认识等心理特征的影响。因此,通过角色理论来探究企业组织内部不同层级员工在内外因素的共同作用下如何选择并改变其行为,是一个非常有效的途径。但与此同时,需要注意的是,每一个人在特定环境条件下所扮演的角色并不单一,或者说社会对个体的期望是多样的。由此,在现实企业中的个体身上所表现出来的就是一个复杂的角色丛(角色集)。

根据罗伯特·金·默顿(R. K. Merton)的概括,角色丛(角色集)是指处在某一特定社会地位的人们,相互之间形成的各种角色关系的总和。这一概念表明了角色的复杂性。任何一种社会地位都会使个人卷入多种角色关系中,以一个处于操作层的员工为例,他在企业组织中的角色丛可能如图3-6所示。

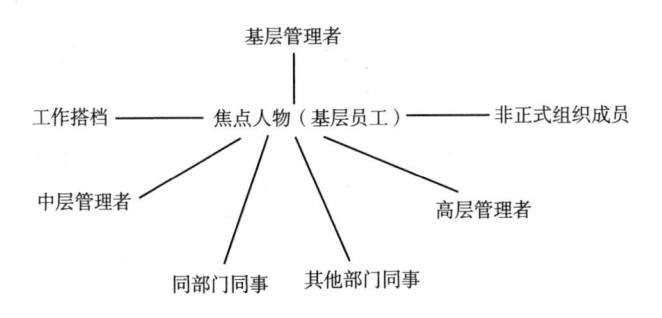

图3-6 工作中基层员工的个人角色丛

图 3-6 中焦点人物——基层员工的角色定义是职业角度的。如果在焦点人物或者其他角色集所涉及的成员心中，焦点角色在特定时间内的角色令人感到不确定，那么角色模糊（role ambiguity）就会产生。也就是说，如果焦点人物本身对角色概念不清晰，或者他自身的角色概念与角色集中其他相关主体所认为或期望的角色概念不一致，那么就会存在一定程度的角色模糊。角色模糊会导致角色压力，从而影响业绩。而对角色工作内容的说明正是为了减少这种角色模糊。因此，业绩评价行为中对关键成功领域和关键成功指标的确定，在很大程度上与降低焦点人物的角色模糊有关。在组织内部的不同层级，由于工作说明的完整、详尽和清晰程度不同，各个层级员工感受到的角色模糊程度也会存在差异。一般来说，较高管理层级感受到的角色模糊的不舒服感更加强烈。工作中最常出现的四种角色模糊的实例为：对一个人工作评价方法的不确定；对进步程度的不确定；对责任范围的不确定；其他人对某人的业绩期望的不确定。角色模糊会对焦点人物产生负面影响，如缺乏安全感、没有信心、愤怒等。因此，尽可能提供与角色概念相关的信息以减少角色模糊是提高组织业绩的一个有效方式。

即使是在对角色定义清楚明了的情况下，还是会有其他的角色问题产生，如角色不兼容（role incompatibility）和角色冲突（role conflict）。在团队管理盛行的今天，某一团队成员的业务上级和行政上级期望的差异，会导致团队成员角色不兼容。此外，更通常的情况是，他人对焦点人物的角色期望与焦点人物自身的角色概念之间存在差异而产生的角色不相容。角色不相容也将导致角色压力的产生。

角色冲突（role conflict）是由于个体需要在某一特定情形下执行某个或多个角色而引起的。角色冲突是社会冲突的一种表现形式，是具体的、微观形态的社会冲突。角色冲突的表现形式主要有以下三种：①角色外冲突，指发生在两个或两个以上的角色扮演者之间的角色冲突，如父子矛盾、夫妻争执、上下级对立等。角色外冲突是一种显性冲突方式，通常是由角色利益上的对立、角色期望的差别以及偏离角色规范等原因引起的，此类冲突大多可以通过沟通的方式解决，不是本书研究的重点。②角色间冲突，指发生在同一个角色扮演者所扮演的不同角色之间的冲突。例如，职业女性经常会发现，她被期望在同一时间去实现人们对于女人的期望和对传统的成功男性管理者的期望。③角色内冲突，指发生在角色扮演者所扮演的同一个角色内部的矛盾。例如，作为一个流水线上的操作人员，上级管理者下达的任务要求中同时对产量和质量的提高作出了规定，这一要求在现有的技术条件下，使操作人员产生角色冲突。一般情况下，角色冲突的三种表现形式最后总会表现为角色内冲突。

在工作角色中，角色冲突可以表现为角色超负荷（role overload）或角色负荷不足（role underload）。一般来说，从执行者到管理者的转变，常常伴随着从工作超负荷向角色超负荷的转变，而在较低的组织层级中，角色负荷不足的角色冲突更为常见。

角色问题的产生，无论表现为角色模糊还是角色冲突，最终都将导致角色压力（role stress）。压力可以是激励性的，也可以是有害的。适当的压力有利于组织内成员达成最佳业绩，但压力过大则表现为角色紧张（role strain）。角色紧张使焦点人物出现情绪紧张、士气低落、沟通困难等负面表现，从而影响组织业绩。组织中很多问题的根源都与角色紧张有关，因此，考察企业内部业绩评价系统对组织成员的角色影响，通过业绩评价系统的完善使角色紧张水平降低或消除是提高业绩评价效果的一个有效途径。

3.4 内部业绩评价行为影响研究的理论基础整合框架

企业内部业绩评价的行为影响研究是一个不同于传统业绩评价研究方向的新视角。因此，在理论基础的构建上，本书以传统的业绩评价理论基础为起点，明确了企业内部业绩评价行为影响分析的研究对象，在此基础上，借鉴经济学、管理学、心理学等相关学科的行为研究成果，选择与本研究直接相关的研究结论，构成企业内部业绩评价的行为分析理论。通过对企业内部业绩评价行为内涵的分析，以及业绩评价传统理论对内部业绩评价系统的构建，笔者发现，业绩评价的传统理论与行为分析理论可以通过"企业内部业绩评价系统"这一研究对象加以整合。也就是说，经由业绩评价的传统理论构建起来的企业内部业绩评价系统符合企业内部业绩评价的行为内涵，具有行为特征。企业内部业绩评价系统与企业内部业绩评价行为过程是统一的，可以对其系统内部各组成要素进行行为影响分析。企业内部业绩评价行为影响研究的理论基础框架如图 3-7 所示。

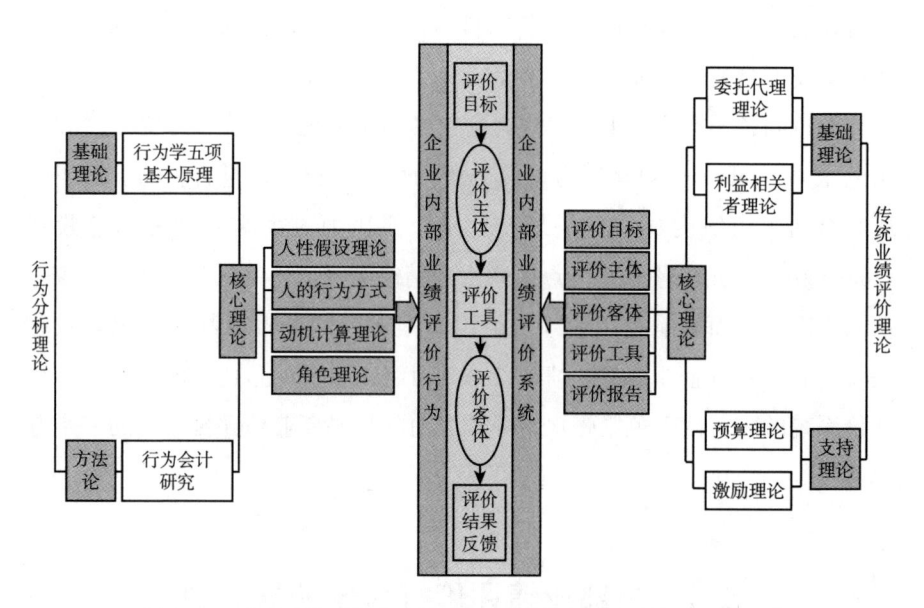

图 3-7 企业内部业绩评价行为影响研究的理论基础整合框架

图 3-7 是对企业内部业绩评价行为影响研究的理论基础进行的整体构建，为了进一步澄清各个理论基础与各个研究问题之间的理论和应用关系，本书按照思考顺序将上述理论基础区别为传统理论和分析理论分别进行理论关系的详细对应。

首先，对企业内部业绩评价的传统理论进行深入展开，将企业内部业绩评价的传统理论区分为两个阶段和层次，即第一阶段的组织层次和第二阶段的系统层次。在第一阶段，委托—代理理论和利益相关者理论对应于组织整体层次，用来解释业绩评价系统的建立和发展；在第二阶段，预算理论、激励理论对应于企业内部业绩评价的系统层次，支撑企业内部业绩评价系统各个构成要素发挥作用。理论基础与业绩评价系统的详细对应关系如图3-8所示。

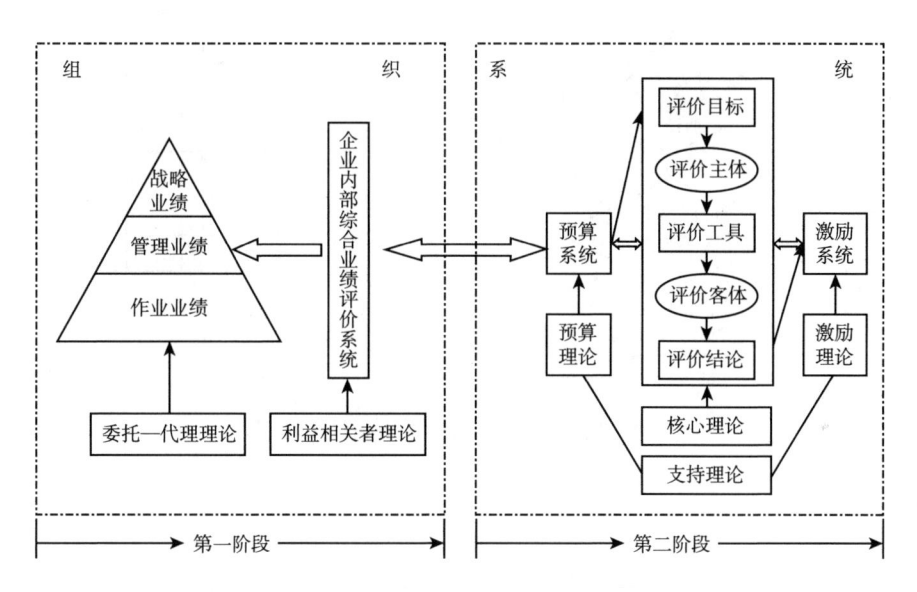

图3-8　企业内部业绩评价传统理论基础对应关系

其次，在企业内部业绩评价系统构建的基础上，使用行为分析理论对企业内部业绩评价行为展开分析。按照企业内部业绩评价的行为过程，评价主体选择不同的评价指标和评价方法对评价客体的业绩行为进行测量和评价。根据行为分析理论，评价主体和评价客体均受行为学五项基本原理的约束，与此同时，具有不同的行为人假设和行为方式。不同人格特征的评价主体在选择评价工具时，会表现出主体的差异性；不同人格特征的业绩主体在完成业绩活动的过程中，同样表现出主体的差异性。业绩主体的业绩结果在很大程度上受评价主体选择的评价指标的引导。按照以上行为分析的路径，企业内部业绩评价行为影响分析的过程与相应的行为理论基础的对应关系如图 3-9 所示。

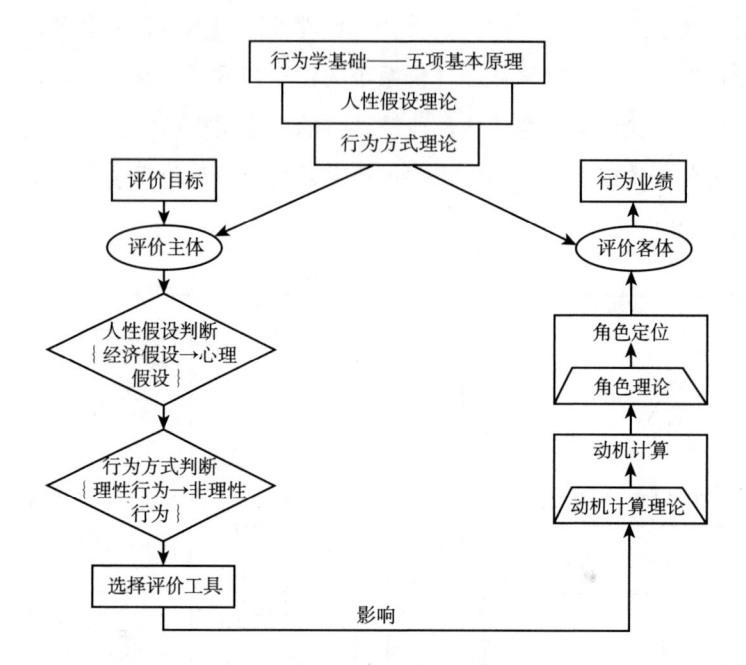

图 3-9 行为影响过程与行为分析理论对应关系

第 4 章

内部业绩评价的行为影响模式及研究整体设计

从行为角度研究企业内部业绩评价可能产生的经济后果和行为后果，是对业绩评价问题展开研究的行为会计视角。内部业绩评价的行为影响，简单地说，就是研究业绩评价过程是否以及如何导致主体的行为发生改变，即主体如何对业绩评价过程作出行为反馈（behavioral responses）。行为影响所导致的主体行为结果称为行为后果。由于业绩评价与激励机制紧密相关，因此，业绩评价对企业内部主体的行为影响是显而易见的。问题的根本不在于这种行为影响是否存在，而在于行为影响因素如何发挥作用，即行为影响的模式。

遵循前面理论基础框架的构建逻辑，按照"传统理论→行为理论→理论整合"的思路，本章将在理论基础框架内，建立行为影响研究的核心基本理论，用以阐明：①行为影响因素。其确定在企业内部业绩评价的传统理论基础框架内完成。②行为影响路径。其建立在企业内部业绩评价的行为分析理论框架内完成。③行为影响模式。将行为影响因素与行为影响路径整合成为最终的行为影响模式，指导本书的后续研究。

4.1　内部业绩评价的行为影响因素确定

企业的业绩评价行为是随着环境的变迁、企业理论等的发展而逐渐建立和完善起来的。19世纪40年代以后，公司制企业形式的不断发展变化，企业内部多重委托—代理关系的发展，以及利益相关者理论的推动，使企业在本质上成为股东、经营者、员工、债权人、顾客、供应商、竞争者等利益相关者的契约集合体。业绩主体和评价主体就是在这样一个概念范围日益扩大的利益相关者群体中产生的。一方面，"主体性"是业绩概念的重要特征；另一方面，业绩评价无法脱离评价主体而单独存在。企业内部业绩评价本身所具有的双重行为主体特征，使对业绩和业绩评价行为过程的研究变得非常重要。对多层次业绩以及企业内部业绩评价行为过程的深入研究，是确定业绩评价行为影响因素的概念前提。

4.1.1　行为影响因素确定的重要业绩概念前提

4.1.1.1　企业业绩

根据前面对相关概念的界定可知，理论界对业绩概念的定义有行为和结果两种导向。事实上，下定义可能是人类思维活动中最困难的一件事，尤其是为基本概念下定义。因此，本书此处对企业业绩的分析，并非以下定义为目的，而是希望在委托代理理论、利益相关者理论、预算理论、激励理论等传统业绩评价理论基础的框架内，尽可能全面、真实地反映当前企业业绩的全貌，揭示其中可能存在的矛盾、冲突，并试图找到行为影响研究的起点。

安迪·尼利（2002）在《企业业绩评价——理论与实践》一书中，总结了勒巴（Lebas, 1995）提出的业绩树思想。勒巴将企业业绩类比为一棵生长的树，形象地描绘了企业经由流程而产生业绩的过程（见图4-1）。企业业绩树模型体现了业绩形成所遵循的如下因果关系：核心能力（foundations）→流程（process）→产出（outcome）。业绩树模型在全面反映利益相关者、描述因果流程、体现时间序列的同时，也为企业业绩评价提出了挑战。

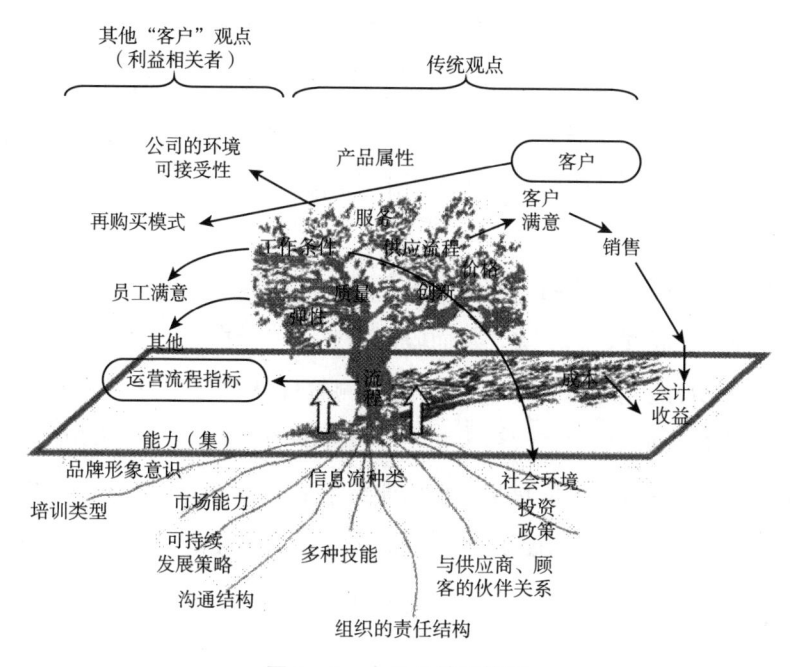

图 4-1　企业业绩树模型

资料来源：该业绩树模型根据 *Business Performance Measurement: Theory and Practice* 一书中收录的文章内容翻译整理而成。该篇文章的作者为米歇尔·勒巴斯和肯·尤斯克（Michel Lebas & Ken Euske），题目为"A conceptual and operational delineation of performance"。

第一，企业不可能度量、评价其全部业绩流程的所有方面，业绩的广泛性与测量的有限性产生矛盾。于是，测量什么、评价什么，即评价客体的问题随之产生。

第二，企业多重利益相关者及其需求的异质性，使各主体期望的评价内容可能彼此矛盾甚至相互冲突，于是平衡的问题产生。

第三，评价主体希望评价企业未来的经济成果，但企业却只能测量其当前或过去的行为及结果，主体希望评价与能够评价的内容存在时间价值上的矛盾。于是，反映因果关系的综合业绩评价模式及基于多标准的业绩评价指标体系被不断创新和使用。

第四,业绩评价包含测量和判断两个环节。测量的多维性(尽可能从各个方面度量企业运营的过程和结果)与评价的一维性(评价者最终要作出A企业比B企业更好,或员工C比员工D更优秀的结论以完成决策或激励)之间存在矛盾。在将多维的测量标准整合为激励或薪酬方式的过程中,公式化的整合及评价会引发员工对公式的博弈,而主观的整合则会使员工怀疑甚至否定被测业绩与个人薪酬之间的关系,这样,业绩评价的行为影响问题产生。

第五,激励理论表明,业绩评价是激励的前提。但评价的整体性与激励的个体性之间存在的矛盾,从而限制了业绩评价指标作为激励前提,在企业内部的普遍适用性。怎样把不同的测量标准整合到总体的业绩评价中,进而整合到薪酬中,这种用基于多重标准的业绩来确定薪酬的过程是极其困难的。一方面,反映企业整体业绩水平的财务类、市场类指标难以完全向下分解;另一方面,反映过程和个人水平业绩的非财务指标难以简单向上累加,组织、部门与个人业绩之间的关系问题成为建立行为影响模式的核心和难题。

对企业业绩全貌的揭示,导致与之相关的问题和难题浮出水面。为了在一定程度上化解矛盾,本书从行为角度提出企业业绩的简化模型(见图4-2),并将其作为行为影响研究的概念前提之一。

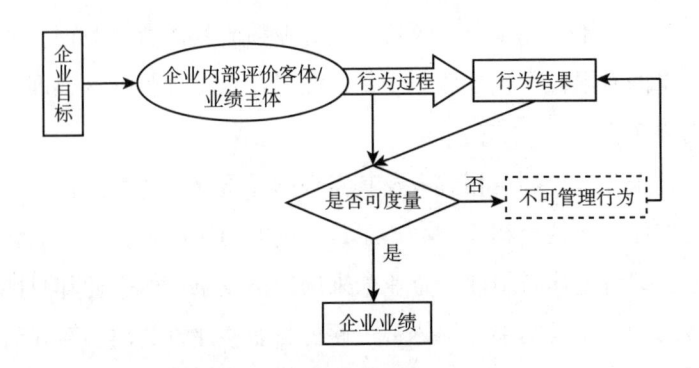

图4-2 企业业绩的简化行为模型

4.1.1.2 组织业绩、过程业绩、个人业绩

根据图4-2，不同的业绩主体行为形成不同层次的企业业绩。因此，组织业绩、过程业绩、个人业绩成为解决第五类矛盾的概念前提。业绩主体即评价客体。不同层次行为主体的行为过程和行为结果是组织业绩的基础，是实现组织目标的根本要素。但在现实的企业中，金字塔式层次清晰的分解和累加关系往往很难实现。组织业绩如何分解，个人业绩如何累加，这在某种意义上是企业理论中的"黑箱"问题。马歇尔·W. 迈耶（Marshall W. Meyer, 2005）指出，我们混淆了绩效测量标准和绩效，组织的绩效（organizational performance）在词典中是不存在的，企业的绩效无法观察、难以测量。无独有偶，在亚当·斯密的大头钉工厂里，分工使我们很难找到一个简单的方法分别地衡量切线工、磨尖工、焊接工和装盒工各自对组织绩效的贡献，因为与每个工人独立完成全部工作流程从而得到个人业绩的工作方式相比，分工使总的营业收入流取代了之前多个独立的营业收入流。这也是罗伯特·西蒙斯（2004）的观点，"我们还没有解决，也许永远无法解决，如何把个人的边际贡献与公司总体边际产品单独分开，并进行量度这一问题"。组织层面的整体财务业绩如何分解到个体层次，个体非财务性的行为结果又如何形成企业整体业绩？这一问题很难回答，如图4-3所示。在关系上，将组织业绩界定为是一个基于组织结构复杂性的个体业绩的整合结果，用圆形和椭圆形的个人及组织代表个人业绩和组织业绩的行为性，用正方形的过程代表行为所赖以存在的组织结构的复杂性，三者的统一构成全部组织业绩。

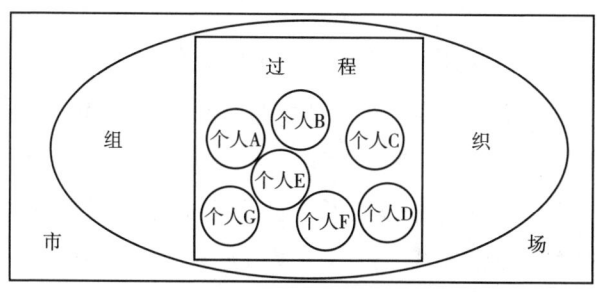

图4-3 个人业绩、过程业绩、组织业绩关系

但是为了能够尽可能地刻画组织、过程、个人三层次业绩与组织、群体、个人三层次行为之间的对应关系，本书借鉴拉姆勒和布拉奇（2005）提出的三层次业绩图（分别如图4-4、图4-5、图4-6所示），将个人、群体、组织的行为对应于个人、流程、组织三层次业绩，从而为组织对个体的行为影响提供一个可能的横向分析途径。

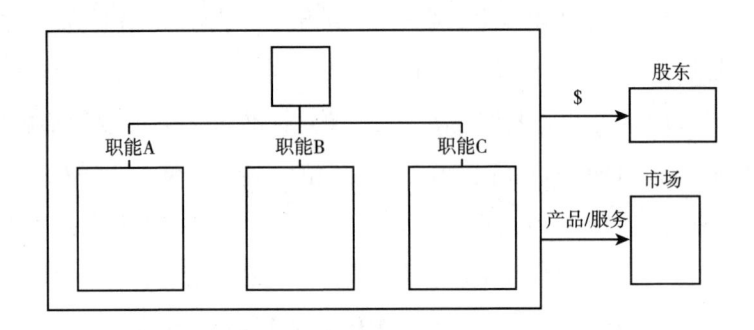

图4-4 组织层次的业绩

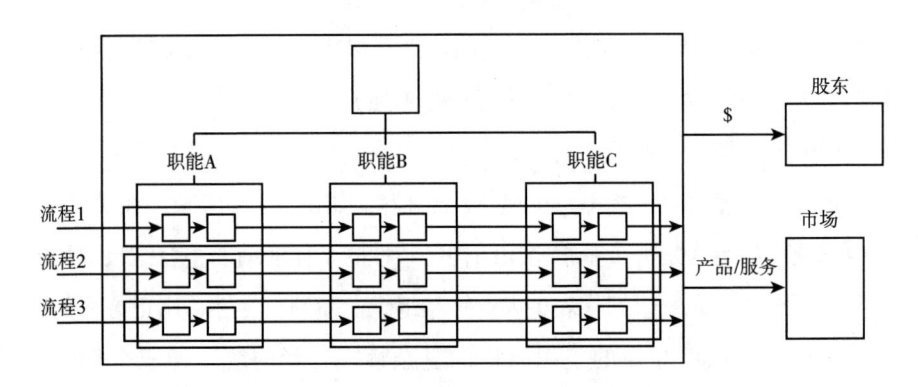

图4-5 流程层次的业绩

图4-4中的组织层次业绩剥离了过程和主体，强调组织与市场的关系、组织的主要职能等，以简化、抽象的模型反映了影响组织业绩的关键变量，如战略、组织目标、组织结构、资源配置等，拉姆勒称其为"骨架"。图4-5在"骨架"中添加了"肌肉组织"，通过多种职能交叉的工作流程实现组织的日常运营。进一步深入流程内部，图4-6反映出个体在组织和流程中的分布，个体以组织"细胞"的形式构成了企业业绩最基

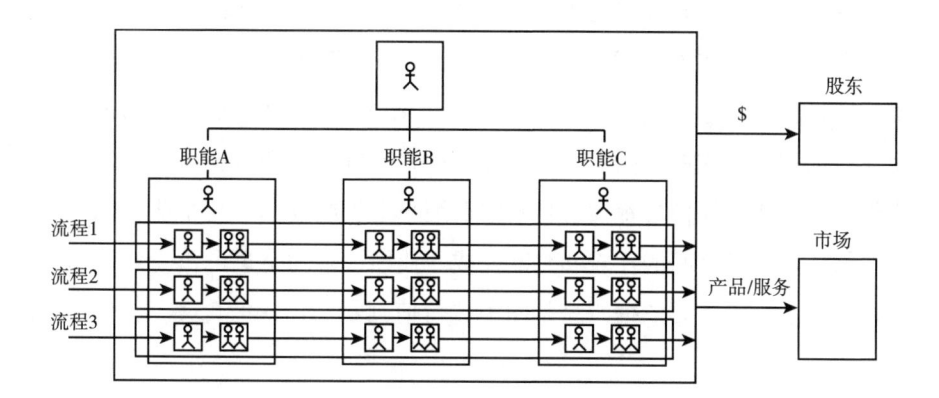

图 4-6　工作/执行人员层次的业绩

资料来源：吉尔里·A. 拉姆勒、艾伦·P. 布拉奇. 绩效改进——消除组织管理图中的空白地带［M］. 2 版. 朱美琴，等译. 北京：机械工业出版社，2005：16-17.

本的主体单位。三层次业绩构成一个有机的整体，共同决定了业绩结果及业绩评价行为。

4.1.1.3　企业内部业绩评价

不同层次的业绩行为与相应的业绩评价行为如何整合？根据本书第 3 章的观点，业绩是对业绩主体当前行为过程和/或过去行为结果的量化，表现为业绩主体当前或过去行为的效率和/或效果。企业内部业绩评价是企业内部的管理决策行为，是企业内部评价主体对内部评价客体（即业绩主体）过去行为的效率和效果进行量化及综合的价值判断，并在此基础上通过管理决策对业绩评价客体行为实施影响，从而引导业绩主体实现企业目标的行为过程。业绩和企业内部业绩评价的行为内涵表明，企业业绩的行为过程与企业内部业绩评价的行为过程可以通过企业目标建立起一个统一的行为过程模型，如图 4-7 所示。

图 4-7 表明，企业目标在企业内部不同层次上的分解，形成了不同的业绩主体，如负责战略规划和制定的经营层，负责管理控制的管理层以及负责作业实施的员工层（以职能为基础，企业内部业绩评价的纵向层次关系如图 4-8 所示）。通过对不同层级业绩主体的行为过程和行为结果进

行度量，可度量的行为和结果分别形成不同层次的企业业绩，如战略业绩、管理业绩和作业业绩，而不可度量的行为则形成不可管理的行为结果。这是图中"业绩测量"层次的含义。企业不同层级的管理者为了实现企业目标，需要获取不同层次的业绩信息并通过业绩评价实现不同的管理决策目的。业绩评价过程通过将真实业绩与事先制定的、与企业目标一致的业绩评价标准之间的比较和判断完成。业绩评价的结果可作为对该业绩主体进行激励的主要依据。这是图中"价值判断"层次的含义。

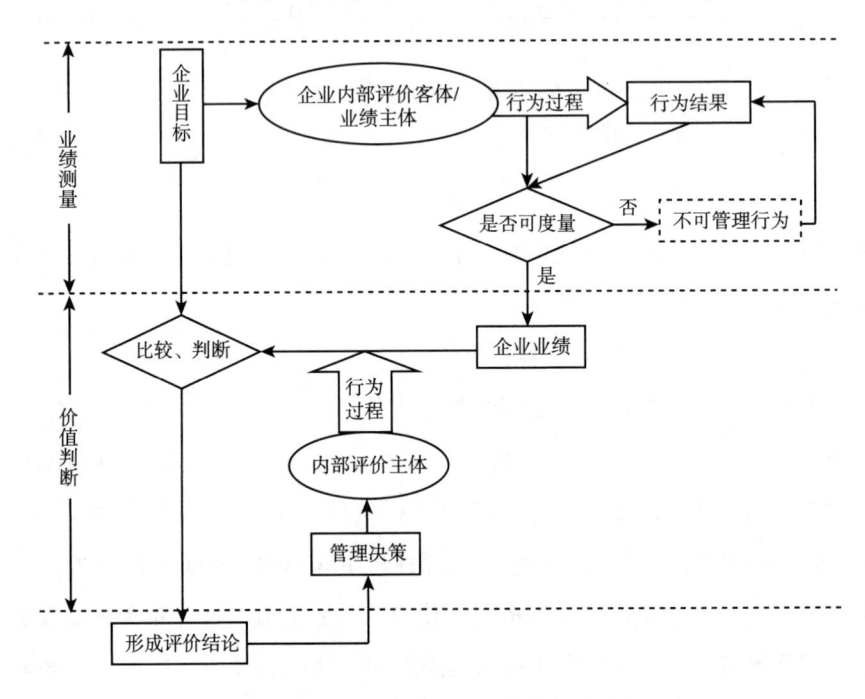

图 4-7　企业内部业绩评价的行为过程

图 4-8 以及图 4-4～图 4-6 分别从职能和流程的角度对组织业绩和内部业绩评价进行分解。图 4-8 是在图 4-6 的基础上，对主体的不同层次进行分解得到的。从垂直的组织职能角度来看，本书研究管理业绩评价和作业业绩评价对行为产生的影响。从水平的组织流程结构角度来看，本书研究业绩评价对个体行为及行为结果的影响。以上述概念为基础，行为影响因素的确定有以下两种观点：整体的系统影响观和分解的指标影响观。

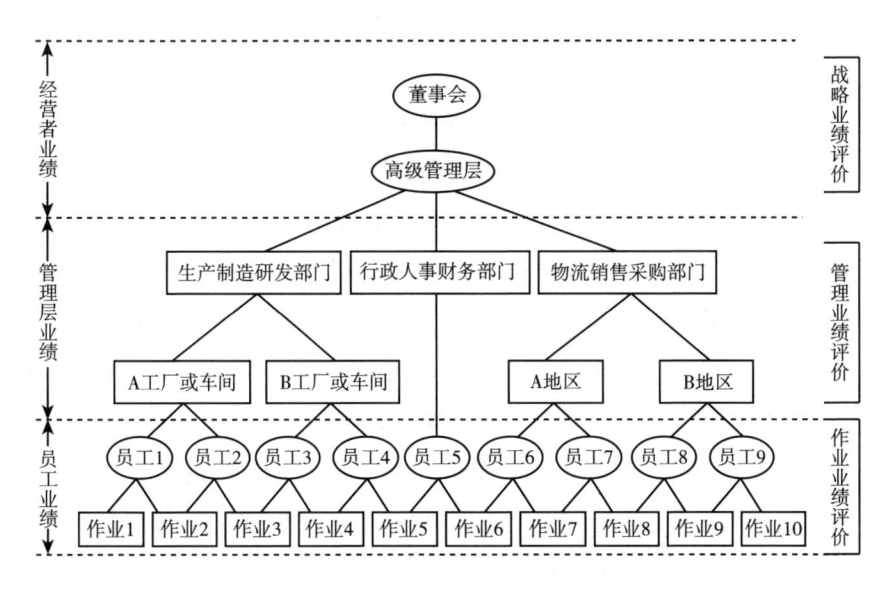

第 4 章 内部业绩评价的行为影响模式及研究整体设计

图 4-8 企业内部业绩评价的层次

4.1.2 行为影响因素的整体观——业绩评价系统

在"企业内部业绩评价的行为过程"模型下，企业业绩的简化行为模型被分解为不同的业绩及业绩评价层次。以流程为基础，个人业绩评价、部门业绩评价、组织业绩评价构成一个横向的业绩评价系统；以职能为基础，战略业绩评价、管理业绩评价、作业业绩评价构成一个纵向的业绩评价系统。20 世纪 90 年代以后，以战略为导向的综合业绩评价系统构建成为理论和实务中的主流。综合业绩评价系统整合了职能和流程，它以战略为导向，以管理控制为直接目的，将部门和价值链进行综合，从而为确定业绩评价的行为影响因素提供了整体观的视角，即以企业内部业绩评价系统整体作为研究对象，在管理控制系统的框架内，以战略为起点，考察组织当前业绩评价系统具有的综合性特征，根据综合性特征的表现程度来研究业绩评价系统对企业管理层行为的影响。在整体观下，对个体行为产生影响的因素被界定为业绩评价系统本身。西方较有代表性的研究成果是霍尔（2008）的《综合业绩评价系统对角色清晰、心理授权和管理业绩的影响》一文。

在我国，研究者同样采用了整体观下的业绩评价系统作为影响因素。所不同的是，张朝宓等的研究将业绩评价作为管理控制系统的一种控制工具，从业绩评价行为的实施角度进行宽泛意义上的行为影响研究。例如，研究结果显示，在记录和反馈环节，客观的评价指标和控制频度的增加会对组织和员工行为产生积极影响等。但是深入分析后我们不难发现，研究中已经通过业绩评价过程将业绩评价系统这一整体影响因素分解成了目标、指标、控制方法等微观层面的因素，本质上已经不再是以系统整体作为影响因素。而且，行为影响的结果也并未进行科学度量，对"积极影响"没有明确的变量进行测量。因此，我国以业绩评价系统作为影响因素的整体观研究方法仍然有待提高。

本书认为，以业绩评价系统作为行为影响因素具有理论上的合理性，但必须解决的实际操作问题是，如何度量系统这一影响变量？西方学者对系统特征的度量是一个值得借鉴的思路，但需要注意的是，系统的整体性与系统特征的综合性，决定了系统作为影响因素，更适合于对经营者以及高层管理者的行为进行研究，而不太适用于基层员工层次。因为从职责权限的跨度与业绩指标信息含量之间的对应关系来看，以业绩评价系统作为行为影响因素，意味着行为主体拥有影响企业整体运营管理的权利。虽然系统整体必然对组织内所有的主体产生影响，但系统整体对基层员工行为影响的路径很难确立，或者说，这种影响是模糊的，难以量化。在我国当前的研究背景之下，这种整体分析可能造成比它解决的问题还要多的问题。因此，本书没有将系统影响因素作为研究的重点。此外，考虑到对系统特征的科学度量（例如，适合我国企业实际的量表设计等）难度较大。因此，本书针对行为影响的系统因素，只是在管理者层面上，进行了比较初级的概述性探索研究，还非常不成熟，只能将其视作是对未来研究方向的一种探讨。从我国行为研究的现状来看，本书更倾向于选择行为影响的分解观，将业绩评价指标确定为行为影响的主要因素。

4.1.3 行为影响因素的分解观——业绩评价指标

业绩评价指标是业绩评价系统的核心。在以业绩评价系统为自变量的行为影响研究中，业绩指标同样是无法被忽略的重要因素。因此，将综合的业绩评价系统分解为具有综合性特征的业绩评价指标，这一行为影响思路在企业内部不同层次主体中的适用性会更强。确定指标影响因素的关键在于明确业绩指标如何在系统内分解。

4.1.3.1 业绩评价指标在企业内部的分解困境

理想的业绩评价指标应该符合以下条件：简约性、预报性、普及性、稳定性和薪酬适应性。如果所有的业绩指标都满足上述条件，那么，企业设置业绩评价指标的目的将会全部实现（业绩评价指标的目的如图4-9所示）：利益相关者希望，在组织外部，业绩指标能够在向后看的过程中测量已经发生行为的业绩，同时根据这一业绩结果确定薪酬。而向后看的最终目的，是实现在向前看的过程中预测组织经济业绩和激励未来个人业绩；在组织内部，利益相关者则希望，在金字塔顶端，代表企业过去和未来的整体业绩指标能够逐级分解至金字塔底端，通过指标分解来履行薪酬确定和激励的职能，通过业绩指标实现对业绩分解、累加和比较的目的。但事实上，并非每一个业绩指标都能满足图4-9中列出的所有要求，大部分业绩指标并不符合理想业绩指标的条件，从而使业绩评价指标在企业内部的分解陷入困境。

为了分析这种困境，本书借鉴了马歇尔·W.迈耶（2005）对业绩指标的四分类法，即：①市场价值指标（如股东回报率、市场增加值等）；②财务指标（如利润率、投资收益率、资产收益率、销售收益率等）；③非财务指标（如创新、经营效率、质量、客户满意度、市场占有率等）；④成本指标。根据每类指标在组织中的适用层次，以及各类指标对图4-9中7个目的的实现情况进行对比，对比结果见表4-1。

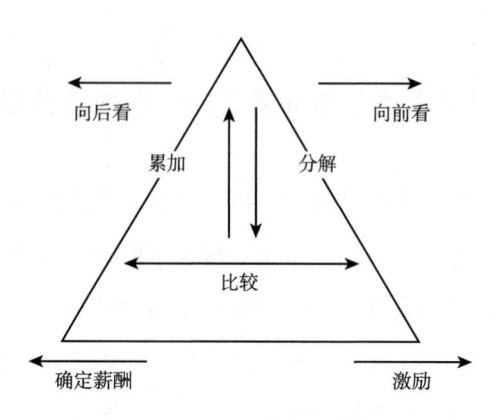

```
                ▲
   向后看       │        向前看
  ←───────    累加 分解   ───────→
          ╱    ▼        ╲
         ╱    比较        ╲
        ╱  ←─────→        ╲
       ╱                    ╲
      ╱_____╲
   确定薪酬              激励
```

图 4-9　业绩评价指标的 7 个目的

资料来源：马歇尔·W. 迈耶. 绩效测量反思——超越平衡计分卡 [M]. 姜文波，译. 北京：机械工业出版社，2005：26.

表 4-1　　　　　　　　业绩指标的适用层次与目的

项目	市场价值指标	财务指标	非财务指标	成本指标
	企业层	企业层以及拥有资产负债表、损益表的经营层	职能层、工作层	企业层、经营层、职能层、工作层
业绩指标要实现的目的				成本轨迹或许是向前看的
指标预测性	√	√?	√?（部分具有）	
指标激励性	√(主要针对TMT)	√(主要针对TMT和业务经理)	√	√
确定薪酬	√(主要针对TMT)	√(主要针对TMT和业务经理)	√	×
向上累加	×	√（从经营单位到企业）	?	√
向下分解	×	√（跨经营单位）	?	√
比较	×	√（从企业到经营单位）	?	√

注：TMT 为高级管理团队（top management team）。

资料来源：马歇尔·W. 迈耶. 绩效测量反思——超越平衡计分卡 [M]. 姜文波，译. 北京：机械工业出版社，2005：30.

以上对比分析结果表明，具有预测功能的业绩指标（主要是市场价值指标和某些非财务指标）往往不具有向下分解和向上累加的能力，企业很难找到可以把一线员工活动与股东价值联系起来的业绩指标。与此同时，具有累加和分解能力的指标（主要是财务指标和成本指标）又往往不具有预测未来业绩和激励期望行为的能力。这种大型组织中出现的指标分解困境促使组织不断寻找具有额外信息含量的新业绩指标，从而导致的结果是，数量繁多、种类多样的业绩指标散布于企业各处，而指标之间的因果关系和相关关系往往未经验证。因此，在理想的情况下，企业希望以因果关系为逻辑进行指标分解，以尽可能地将金字塔底部分散的运转指标与顶端的财务结果相联系，实现不同层次业绩和行为的因果关系协调。虽然指标分解的困境很难从根本上解决，但本书试图从职能与流程、内部与外部、组织与个体、业绩行为与评价行为相关联的角度，以行为主体为研究的出发点，建立一个比较综合的业绩指标分解模型。

4.1.3.2 业绩指标分解模型

图4-10为业绩指标分解的金字塔模型。以"企业内部业绩评价的行为过程"模型为基础，在组织内部，以主体的不同层次为依据，将业绩指标通过测量和评价等途径进行分解。该指标分解模型体现了业绩形成和业绩评价两个过程。在金字塔的左侧，从基层业绩主体出发，反映了：①业绩主体不断减少。②业绩成果不断累加。③业绩指标由非财务向财务综合的过程。业绩指标主要履行其测量职能，形成不同层次业绩。在金字塔右侧，从高层评价主体出发，反映了：①战略对评价行为的影响。②评价指标影响的包含性特征，即较高层次的评价指标将与本层级的评价指标一起共同评价、影响该层级主体行为。③对基层业绩主体评价、激励的复杂性。

在业绩金字塔的左侧，测量是以如实反映业绩为目的的；而在右侧，评价是以激励为目的的。虽然二者构成有机统一的过程，但是对测量和评价的区分，在很大程度上暴露了按照多重维度测量业绩与最终按照单一维度来评价业绩之间的矛盾。因此，在如实反映业绩的基础上，哪些测量指标在评价中具有薪酬适用性，哪些指标具有激励职能，是每一个企业都希望得到的答案。但是，由于不同行业、不同企业之间的区别性和复杂性，通过一般意义上的行为影响研究，将很难确定是哪一个或哪一类指标对员工起到激励作用。比较可行的研究方法是，在现有的评价模式下，对业绩评价指标的整体特征进行刻画，从而尽可能得到一个一般性的研究结论，例如，在当前的业绩评价指标体系下，员工的感受如何影响员工的行为和行为的结果。本书通过指标分解，最终确定了评价指标多样性这一行为影响变量，针对基层员工进行行为影响研究。需要指出的是，测量指标与评价指标未必重合，行为影响研究应该基于基层员工的薪酬激励计划进行，即行为影响的因素是包含在员工激励计划中的评价指标多样性。

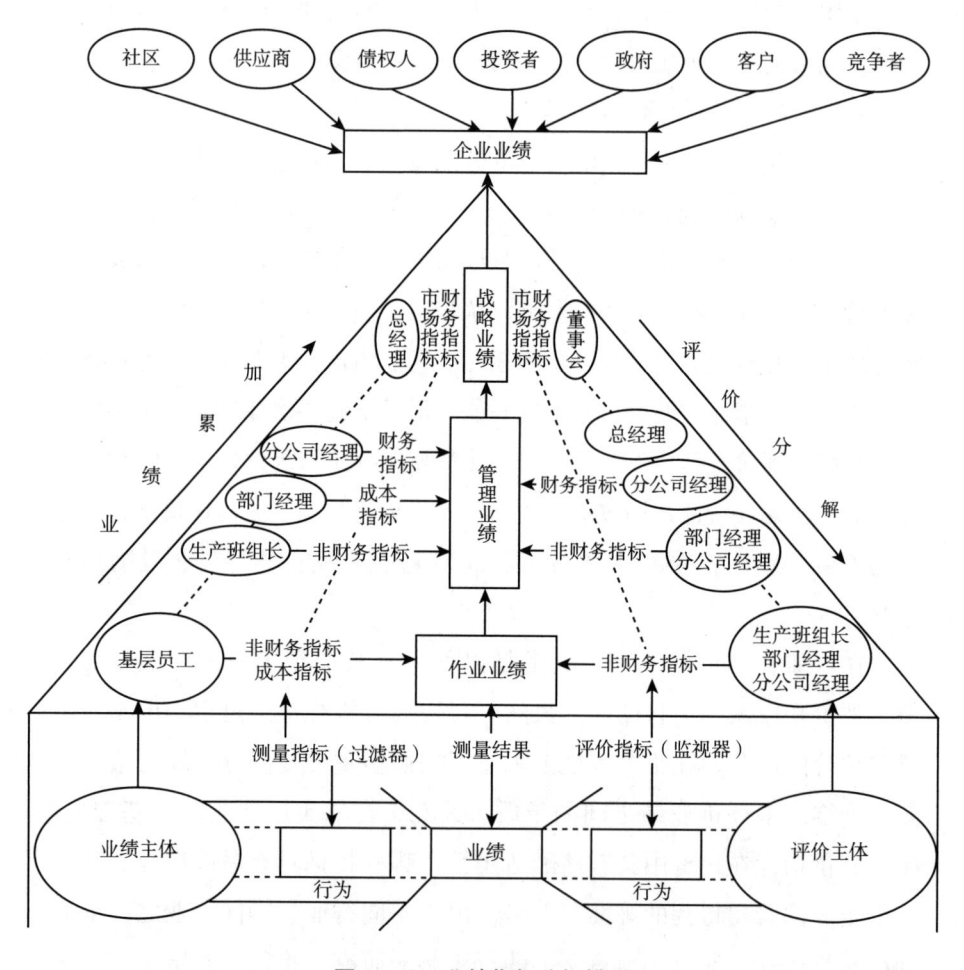

图 4-10 业绩指标分解模型

4.2 内部业绩评价的行为影响路径

人类行为具有主观性、多变性以及不可预测性。为了研究人类行为如何产生,多年以前,约翰·布劳德斯·华生根据"小白鼠跑迷津实验"得出了动物和人的行为都是学习的结果,开创了人类研究行为科学的序幕。在经历了从单纯的实验室研究→科学管理→人际关系→行为科学等研究阶段后,当前的行为科学将研究重点集中于:人的动机研究、人的需要研究、人的激励研究,个体行为研究、群体行为研究、组织行为研究,领导行为研究等。在现代社会中,个体一般均处于不同的组织当中,而尤以企业这一组织形式最为典型。组织都是由作为个体的人和正式的组织结构这两个基本的部分组成(阿基里斯,2007)。在一个企业组织中,组织成员将采取何种行为方式进行组织生产,取决于成员自身和组织环境双重因素的影响。因此,组织行为学关于个体、群体以及组织结构对组织内部行为影响研究的结论,对本书行为影响研究路径的建立具有非常重要的指导意义。在行为理论基础框架内,借鉴组织行为学的研究模型,结合已经确定的行为影响因素,本书建立了以业绩评价系统和业绩评价指标为影响因素的系统影响路径及指标影响路径。

4.2.1 行为影响的一般路径

在基本的组织行为学模型框架内,影响行为的自变量分为三个层次,分别为个体水平的变量、群体水平的变量和组织系统水平的变量。研究者最终关心的行为影响结果(即因变量)多为生产率、缺勤率、流动率、工作满意度、组织公民行为等。图4-11表明了不同层次的众多行为影响变量与五个关键因变量(行为影响结果)之间的关系,虽然并未包含全部权变因素,但已经可以确定本书所述的行为影响路径。

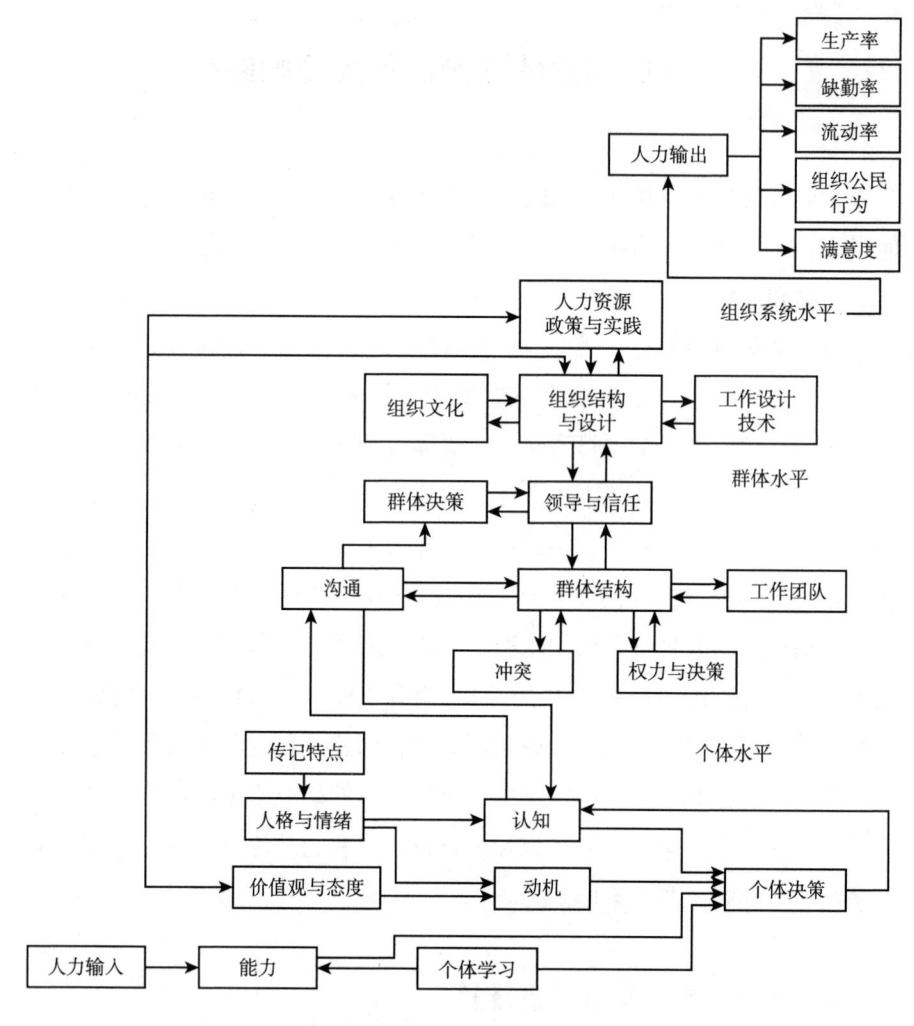

图 4-11 行为影响的一般路径

资料来源：斯蒂芬·P. 罗宾斯. 组织行为学 [M]. 10版. 孙健敏，李原，译. 北京：中国人民大学出版社，2005：28.

本书的行为分析理论包括人及其行为方式的假设、动机理论和角色理论，通过与传统理论基础的对接，根据在传统理论基础框架内分析确定的系统影响变量或指标影响变量，三层次的行为影响路径得以确立。根据组织层次行为影响变量的不同，企业内部业绩评价的行为影响路径表现为系统影响和指标影响两种形式，两种路径在影响机制上没有本质的差异，主要取决于研究者根据自身研究目的的需要，选择各个层次的行为影响变量和行为结果变量。

4.2.2 业绩评价系统的行为影响路径

在组织系统水平的影响变量中选择业绩评价系统还是业绩评价指标，这是区分两类影响路径的主要依据。系统影响路径下，可以根据研究需要，在个体水平的影响变量中选择动机、人格、心理授权等，在群体水平的影响变量中选择角色、团队等，以管理业绩水平的输出为因变量，以人及其行为方式的假设为研究前提。由于本书没有对业绩评价系统这一影响因素进行具体的经验设计和实证研究，因此，本书此处只是在理论上提出了可能的业绩评价系统影响路径，如图4-12所示。

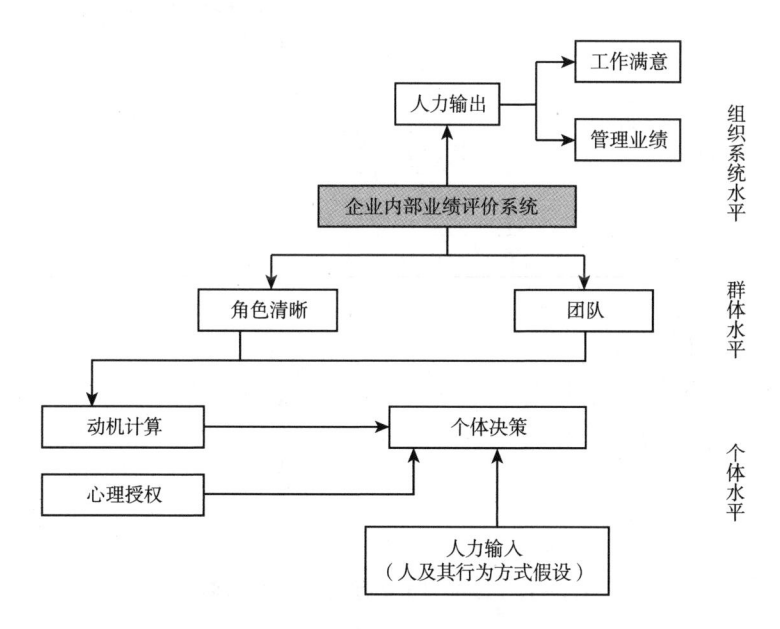

图4-12 业绩评价系统的行为影响路径

4.2.3 业绩评价指标的行为影响路径

在行为影响的业绩评价指标路径下,组织系统水平的影响变量为业绩评价指标。根据本书的研究目的,在个体水平的影响变量中,主要针对基层员工选择了代表其人格特征的价值承诺变量。价值承诺水平的高低,一方面界定了关于人性及其行为方式的不同假设;另一方面决定了员工的动机计算方式。在群体水平的影响变量中,主要选择了角色,这是连接组织和个体的重要变量,它一方面体现了组织内不同群体对特定角色的期望,并以业绩指标的方式将期望传达给特定角色;另一方面度量了个体的行为感受。本书选择工作满意和个人业绩作为因变量输出,具体的指标影响路径如图 4-13 所示。

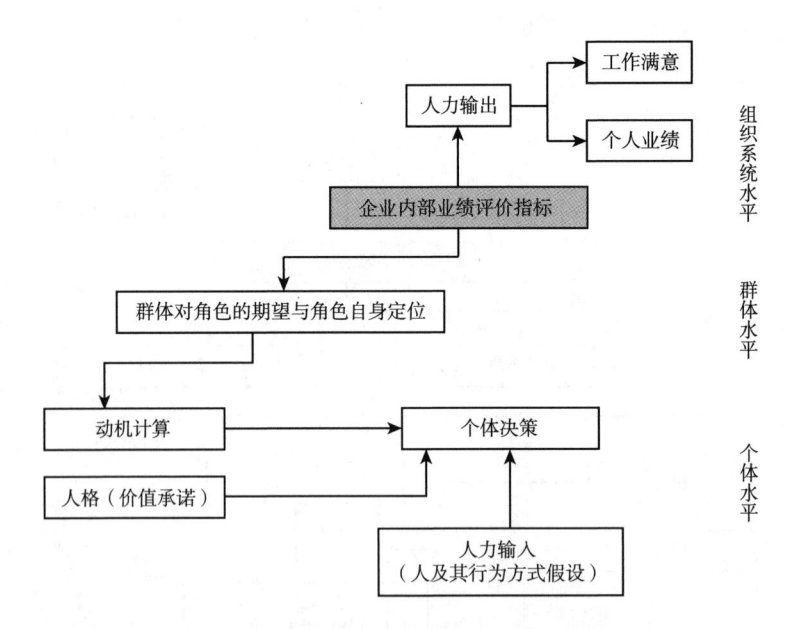

图 4-13 业绩评价指标的行为影响路径

4.3 内部业绩评价行为影响的整合模式及研究整体设计

行为影响因素是确定行为影响模式的关键变量。通过整合行为影响因素与行为影响路径最终可以得到两种行为影响模式，即系统影响模式和指标影响模式。以行为影响模式的确定和选择为基础，本书进一步对后续的研究内容进行整体设计。

4.3.1 业绩评价行为影响的整合模式

模式是指某种事物的标准形式或使人可以照着做的标准样式。在理论研究中，模式常常被表达为剔除非本质因素、将某类经济现象或经济行为进行理论表述和抽象概括，从而形成的某种规范或运行规则。企业内部业绩评价的行为影响模式，是整合行为影响因素和行为影响路径的结果输出。具体来说，就是在企业内部业绩评价的理论基础框架内，通过传统理论基础确定行为影响因素，通过行为理论基础建立行为影响路径，在此基础上，以组织水平的行为影响变量为媒介进行整合。综合了企业内部业绩评价理论基础与核心基本理论的整体模型框架如图4－14所示。

4.3.2 行为影响研究的整体设计

根据行为影响模式的差异，本书将分别从两个层次展开具体研究。第一个层次是以基层员工为对象的行为影响实证研究，选择行为影响的指标模式进行经验检验；第二个层次是以管理层为对象的行为影响探索性研

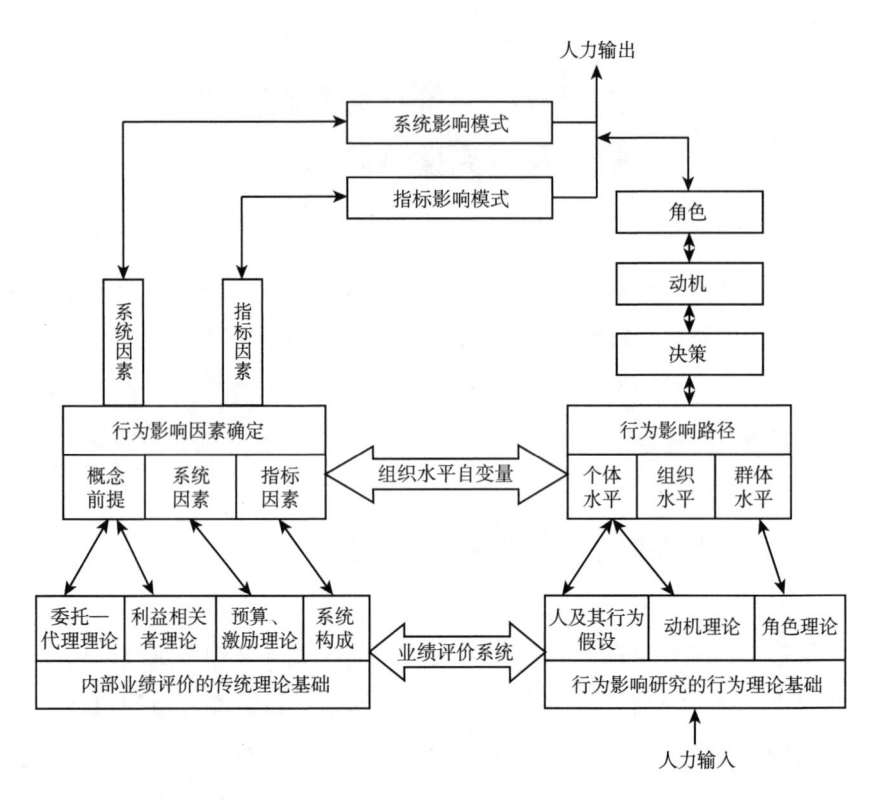

图 4-14　业绩评价行为影响模式的整合框架

究，选择行为影响的系统模式进行理论探讨。其中，以基层员工为对象的行为影响实证研究是本书的主体核心，为了保证实证研究的科学性、合理性，本书先对研究中涉及的各类变量进行整体设计和确定。

4.3.2.1　行为影响变量

在行为影响的指标模式下，行为影响因素为企业内部业绩评价系统中的业绩评价指标。因此，研究中使用的行为影响变量必然与业绩指标相关，该变量要既要充分体现当前业绩评价指标体系的发展特征，同时又要能够可靠测量。

企业业绩评价大致经历了"成本指标→财务指标→战略综合指标"三个发展阶段。指标发展的不同阶段体现了评价主体不同的评价目的，同时也为组织的经营管理指明了方向。业绩指标作为组织业绩的显示器，其发展特征与企业内部业绩评价发展的整体特征保持一致，即系统性、战略性、综合性。

为了便于测量，本书从三个方面考察业绩指标在以上三种特征上的表现，即业绩评价指标的数量、业绩评价指标的种类以及业绩评价指标的权重。

（1）内部业绩评价指标的数量不断增加。

在内部业绩评价发展的成本指标、会计指标、经济指标阶段，不同阶段的评价指标虽然有明显的不同，但一般数量较少，集中于一个或几个关键的业绩指标。从最简单的每码成本、每公里成本，到以会计数据为主的销售利润率、投资报酬率，再到考虑了权益资本成本的经济增加值，反映企业经营行为效率和效果的指标数量都比较有限。20世纪90年代以后，企业内部业绩评价进入以平衡计分卡、业绩金字塔、业绩三棱柱、整合业绩评价、战略业绩评价等方法和系统为代表的战略综合指标阶段，企业内部业绩评价指标的数量随着评价内容的拓展而明显增加。以研究过程中对某企业内部资料的收集和调查为例，[①]该企业2022年度的业绩评价指标主要以财务指标为主，包括6个经营指标。2023年，该企业进行了内部业绩评价系统的调整和改革，在2023年度下发的"业绩评价指标通知"中，对公司下属分（子）公司的业绩评价指标增加为25个，其中，主要评价指标10个，辅助评价指标10个，约束评价指标5个。改革后，业绩评价指标数量有明显增加。企业内部业绩评价指标的数量是评价指标特征最直接的表现，新增的业绩指标可能会通过增量信息增加评价的收益性，但评价指标是否越多越好，越详尽越好，这些都有待进一步证明。但不难理解的是，公司对下属分（子）公司整体评价指标数量的增加，必然导致通过指标的分解流程下达至部门和个人的评价指标数量增加，与此同时，评价指标数量的多少，将会对组织内部不同部门和相关人员产生

---

① 考虑到内部资料的保密性，本书在此略去了公司的名称和相关介绍，而只将公司下达的评价指标的实际数量列示出来，以说明当前企业内部业绩评价指标数量的增减变化情况。

不同的行为影响。

(2) 业绩评价指标权重的分散度提高。

伴随业绩评价指标数量增加而出现的问题是，如何为不同的业绩评价指标赋予不同的权重。权重的大小，代表了该指标在评价过程中的相对重要性。在单一或少量指标评价的阶段，指标的赋权不那么重要，企业的经营集中于有限的几个方面。但是当业绩评价指标分散为代表不同方向的多个方面，且每个方面又表现为不同的业绩指标时，不同指标的权重就显得非常重要。一方面，权重的大小体现了指标的重要性；另一方面，指标权重的分散程度体现了企业经营过程中关注点的分布，业绩评价指标权重的大小和分散程度都将对组织内个体的行为产生影响。仍然以上述企业为例，2022年度6个经营指标的相对权重从25%、20%、15%到5%不等，而2023年度对20个主要评价指标和辅助评价指标的相对权重分配则从10%、8%、5%、3%、2%到1%不等。指标的细化以及相应权重的分散必然对员工行为产生影响。

(3) 非财务业绩评价指标的重要性日益凸显。

20世纪90年代以后，企业的发展进入信息时代。电子技术革命为进行顾客化、单件小批生产提供了可能。顾客化、竞争化、多样化的竞争环境使企业必须在产品质量、产品多样性、生产弹性、顾客满意等多方面进行变革。为此，企业不得不开始关注财务业绩指标以外的顾客、流程等方面，强调跨职能的团队合作和企业内部的持续改进。当传统的业绩评价体系无法满足企业日益复杂、细化的管理需要时，越来越多的研究开始关注非财务业绩指标的发展和运用。随着平衡计分卡的产生和推广，理论和实务界意识到，只有将财务与非财务指标相结合，才能更好地解决组织员工与组织战略之间的关系，使企业的经营活动与战略目标趋于一致。有研究结论认为，非财务业绩评价指标弥补了财务指标向后看、滞后性、易被操纵的缺点（Kaplan & Atkinson，1998），可以与组织的长期目标有更紧密的联系，能反映企业的价值创造过程，能够对无形资产提供间接的、量化的指标，能够预测未来的财务业绩，提供更多增量信息，有助于促进管理人员的业绩改进等。由此，非财务业绩指标在企业内部业绩评价过程中的重要性不断上升。但是，以提升企业业绩为根本目的而引入的非财务业绩指标，是否确定地带来更高的个人和组织业绩，理论和实践的检验结论并不统一。这说明，对非财务业绩指标的经济和行为后果研究还是一个有待深入的课题。当忽略非财务业绩指标的行为影响而直接对非财务指标与企业业绩之间的关系进行检验时，很可能得出不一致的结论。因为非财务指标与企业业绩之间的影响关系要受个体心理、动机、人格等多种行为影响因素的调节。由此，非财务指标的广泛使用，以及非财务指标与组织业绩之间不确定的影响关系，使得对非财务业绩指标进行行为影响分析变得非常重要。在上例企业中，2023年度调整后的25个业绩评价指标中，增加了8个非财务业绩评价指标，分别涉及企业创新、内部流程、安全、环保、员工和顾客等方面，非财务业绩指标的增加无疑会在很大程度上引导企业员工的行为方向。

将上述三个方面的发展特征进行归纳和综合，最终得到本书在行为影响研究中使用的自变量，即业绩评价指标多样性，或称评价多样性（measurement diversity）。评价多样性表现为评价指标的数量、各个评价指标的分散程度，以及非财务指标的权重三个方面。根据默尔斯的定义，评价多样性是指以激励为目的对多个业绩指标的使用（Moers，2005）。这一定义较为概括，结合实践应用，评价多样性是指，组织使用多于一个的财务和非财务业绩指标来实现业绩评价和报酬激励的目的，并将不同的指标通过权重的差异进行平衡，这种对多指标、多权重的财务和非财务指标的综合使用就是评价多样性。以评价多样性作为行为影响变量是科学、合理的。原因如下。

首先，评价指标多样性体现了企业内部业绩评价系统的整体综合性特征，多样性中包含财务指标与非财务指标的综合、过程指标与结果指标的综合。

其次，评价指标多样性体现了系统间的整合，对评价指标多样性的行为影响研究，要基于具体的激励方案或短期激励计划，这使得多样化的指标贯穿了企业内部业绩评价流程的始终。

最后，评价指标多样性表现为企业内部业绩评价过程中使用的评价指标数量的多少、权重的分配、对非财务业绩指标的倚重。作为研究中的潜变量，评价多样性无法直接观测得到，但是以数量和权重为代表的上述三个指标变量（即评价指标个数、各个指标权重、非财务指标个数及权重）却可以通过对企业的内部调研或问卷调查等方式取得，结合文献综述中西方已有的研究成果，本书认为，以评价指标多样性作为行为影响研究中的自变量是科学、合理的。

4.3.2.2 行为反应变量

业绩评价指标多样性会对组织内员工的行为产生影响这一点不难理解，但是确定行为反应变量却并不容易。行为的复杂性使得关于人类行为的研究成为一个艰深的课题。组织和社会中某类或某种行为的表现及其成因，一直是行为科学、心理学、社会学、管理学、经济学等多个学科关注的焦点。管理者和科学家共同感兴趣的问题是，为什么人们在组织中会有如此的行为表现，理解其中的道理，将有助于对行为进行预测和控制。

个体、群体、组织三类主体都有自己的行为模型，一个组织中的个体必然处于组织环境和群体环境之中。因此，组织水平、群体水平的因素都将对个体行为产生直接或间接的影响。行为的复杂性使我们不可能在一次研究中涉及所有的行为影响变量。在行为影响的指标模式下，组织水平的影响因素被确定为业绩评价指标，具体研究中将使用业绩评价指标多样性作为行为影响变量。那么，行为影响变量是如何起作用的？简单地说，业绩评价指标多样性是通过组织内存在的正式群体结构影响个体行为的。角色是群体结构变量的重要内容之一，根据角色理论，角色是指人们对于在某一社会单元中占据特定位置的个体所期望的一套行为模式（斯蒂芬·P. 罗宾斯，2005）。而在组织的正式群体中，业绩评价指标是组织传达其角色期望的主要方式之一。群体水平的角色理论提供了将组织水平的行为影响变量转化为个体水平影响变量的途径。本书最终以员工感受到的角色冲突和角色模糊水平作为对评价多样性的行为反应变量，从而使行为影响完成了组织→群体→个体的依次递进。

角色模糊和角色冲突为什么会产生？理论研究指出，原因之一是组织管理的一些经典原则（如命令链原则、统一指挥原则等）有时是与个体的人格特征、心理动机、心理需求、自我意识相矛盾的。当矛盾产生时，个体便会产生焦虑、冲突、挫折和失败，进而产生组织防卫。组织系统及其内部的管理控制体系，一般是以理性为原则进行设计和构建的，对组织内部的人及其行为方式的假设也以理性的经济人假设居多，因此，虽然很多企业实施了管理控制系统，通过预算、业绩评价、报酬激励等方式进行内部的沟通和管理，但是，组织运行的效率和效果却常常无法达到预期的结果。通过文献综述我们知道，企业内部业绩评价可能导致功能性障碍后果的产生，而当前的理论研究成果表明，个体和组织的功能性障碍后果源于复杂组织中角色冲突和角色模糊的存在。这一结论为本书确定的行为反应变量提供了合理性的证明。而早在1970年，里佐等（Rizzo et al.）就建立并检验了测量角色冲突和角色模糊水平的调查问卷工具，从而使对复杂组织中员工的角色冲突和角色模糊水平的测度成为可能。因此，以角色冲突和角色模糊作为行为反应变量，描述业绩评价指标多样性与行为反馈之间的关系具有科学、合理的理论依据和经验研究基础。

此外，个体水平的因素仍然是影响主体行为的重要内因。个体的人格、情绪、动机、价值观、态度等都将对主体的行为反应进行调节。理论研究中关于人性的假设经历了从"经济人→社会人→自我实现人→复杂人"的发展，对人的行为方式假设也经历着从理性到有限理性甚至到非理性的阶段。现实中的人究竟以理性还是非理性的方式开展行为，最终的结论应该不会统一。因此，本书引入了代表人格特征的价值承诺变量，通过价值承诺水平的高低来区分个体行为方式和动机计算方式的差异，从而使业绩评价的行为影响在组织、群体、个体三个层面上充分展开并综合。

4.3.2.3 结果变量

作为行为影响的结果变量即因变量，本书使用个人业绩和工作满意。业绩评价的最终目的是实现企业目标。尽管个人业绩与组织业绩之间的边际关系很难确定,但是,个人业绩的改善将带来组织业绩的提高,这一逻辑是容易被接受的。本书没有将组织业绩作为因变量引入研究,一方面是因为行为影响研究是个体层面的,另一方面是度量组织业绩的指标变量是本书行为影响变量中的一部分,因此在逻辑上似乎不太合理。工作满意是行为研究中一个常用的因变量,代表个体对其工作的总体态度,是进一步提升个体业绩和组织业绩的关键因素。

第 5 章

评价指标多样性对基层员工行为影响的实证研究

本章将以不同行业、不同性质企业的调查分析结果为基础,综合采用访谈、档案数据分析等研究方法,借鉴现有的研究成果,通过问卷调查获取相关变量数据,旨在对不同企业业绩评价系统的评价多样性对基层员工角色冲突和角色模糊水平产生的行为影响进行实证分析,并进一步考察行为影响与个人业绩及员工工作满意度之间的相关关系。研究过程中理论模型的构建和验证主要通过结构方程模型实现。

5.1 问题提出

企业内部业绩评价是组织实现管理控制职能的重要环节和手段。20世纪90年代以后,知识经济的萌生及全球社会经济环境的重大变化,使非财务业绩计量、平衡计分卡、业绩金字塔、业绩三棱柱等先进的业绩评价技术和方法成为理论研究的热点;实务中,企业也正致力于建立一个更加综合的业绩评价系统(comprehensive/integrative performance measurement systems),从而为企业管理者和员工提供更多、更加整合的信息,以支持和提高公司运营管理的效率和效果，实现公司整体业绩的提升。综合业绩评价系统的构建已经成为理论和实务界关注的重点。

已有研究表明，综合业绩评价系统是包含多个业绩指标的集合系统，业绩指标与公司战略相连，提供关于企业价值链各个组成部分的信息（Chenhall，2005；Malina & Selto，2001；Nanni，Dixon & Vollman，1992；Neely，Gregory & Platts，1995）。以平衡计分卡、业绩金字塔、业绩三棱柱等为代表的先进评价技术和方法集中体现了当前业绩评价系统的特征。

企业建立综合业绩评价系统一般基于如下根本的前提假设：综合业绩评价系统能够提升企业的管理业绩（Atkinson & Epstein，2000；Epstein & Manzoni，1998；Kaplan & Norton，1996）。但是，正如伊特纳（1998）所指出的，虽然有越来越多的研究开始关注对综合业绩评价系统的构建，但却很少有研究者对其应用与业绩后果之间的因果关系进行验证。虽然近年来的理论研究开始对这一领域予以关注，但实证的研究结果并未对综合业绩评价系统与企业业绩之间的相关关系提供一致性的证明结论（Ittner et al.，2003；Davis & Albright，2004；Chenhall，2005；Hyvoenen，2007）。Hassan（2005）通过对91家在激励计划中采用非财务业绩指标的公司进行为期5年（1993~1998年）的调查研究发现，非财务指标与公司特征以及公司后续业绩增长之间的相互匹配关系是决定公司是否继续采用非财务业绩指标的关键因素。而调查研究的结果表明，91家采用非财务指标的公司，五年后有38家企业放弃了对非财务业绩指标的使用。换言之，增加了非财务业绩指标的综合业绩评价系统并不必然带来企业整体业绩的提升。

上述研究结论表明，我国企业在学习和借鉴西方先进理论和经验成果的同时，必须充分认识综合业绩评价系统可能产生的系统性后果和影响。根据陈华敏（2006）对我国深市主板市场220家上市公司问卷调查结果的分析，其中，90家企业（占比69.77%）没有使用平衡计分卡，但使用了一类或多类非财务指标。在使用非财务指标的样本企业中，129家企业（使用非财务指标样本的全部）使用了包含平衡计分卡"内部经营与创新"维度的指标，115家企业（占比89%）使用了包含"顾客"维度的非财务指标，106家企业（占比82.14%）使用了包含"员工学习与成长"维度的指标；企业采用非财务指标的目的主要在于进行预算管理和内部业绩评价（占比67.44%）。这份调研结果充分表明，虽然我国多数企业在实务中尚未正式实施平衡计分卡等西方较为流行的业绩评价方法体系，但从企业内部业绩评价的现实情况来看，业绩评价的综合性特征已经显露，表现在业绩评价指标体系中，评价指标的数量、权重、对非财务业绩指标的使用都具有了本书所阐述的发展特征。我国多数企业的内部业绩评价系统已经在事实上具有了综合性的发展特征，但与此同时，理论界对综合系统、多样性指标可能产生的业绩后果和行为影响研究却相对匮乏，正是这一研究现状推动了实证研究。

考察西方与综合业绩评价系统影响研究有关的文献，当前的研究成果主要可以概括为以下两类：第一类考察综合业绩评价系统与组织业绩之间的关系（Chenhall, 2005; Davis & Abright, 2004; Hoque & James, 2000; Ittner, Larker & Randall, 2003; Said, Elnaby & Wier, 2003）；第二类研究在业绩评价判断过程中使用多个业绩指标对评价行为的影响（Banker, Chang & Pizzini, 2004; Lipe & Salterio, 2000; Schiff & Hoffman, 1996）。在西方的研究中，同样存在对综合业绩评价系统的行为后果研究不足的问题（Ittner & Larcker, 1998; Webb, 2004）。而在检验管理控制系统与组织业绩关系的研究中，研究者一般设定了这样的假设：业绩评价系统以有利于组织目标实现的方式影响组织内个体的行为。但是，正如陈霍尔（2003）所指出的，这一假设在逻辑上存在很大的跳跃（involves broad leaps），并无充分证据表明这一假设存在。与此同时，科瓦列斯基等（Covaleski et al., 2003）也认为，组织层面上的分析还是具有某种局限性的，因为这种分析是基于对个体行为的假设，而不是基于详尽实际的调查结果。心理学的理论表明，认知机制和激励机制有可能解释综合业绩评价系统与组织业绩之间的关系。也就是说，一个综合的业绩评价系统是否能够在组织层面上带来企业业绩的提升，除了系统本身的设计原因和特定外部因素之外，还将在很大程度上取决于组织内部的行为反应变量。为此，本书采用基于主体的"自下而上"的研究方法，以评价指标多样性为行为影响变量，以我国不同行业、不同性质企业的基层员工为主要研究对象，通过一定范围的调查研究和实地研究，采用问卷调查的方法，[①]对激励计划中表现出的评价多样性水平与员工感受到的角色冲突和角色模糊水平之间的相互关系进行行为影响的实证研究，其主要目的在于验证评价多样性与员工行为过程和行为结果之间的相关关系。本书所要阐明的三个主要问题是：①业绩评价指标多样性如何影响组织内基层员工的行为；②该行为影响如何进一步影响员工自身的个人业绩和工作满意度；③评价多样性对员工的行为影响可能受到哪些中间因素的调节？

为了系统回答上述问题，本书采用结构方程模型（SEM）进行理论模型的构建和检验。

5.2 理论前提与研究假设

组织实施激励机制的目的在于激励个体采取有利于组织目标实现的方式采取行动（Merchant & Van der Stede，2003）。因此，员工薪酬计划和激励计划中表现出的评价多样性水平，就成为影响员工行为的主要因素。

5.2.1 评价多样性与员工的行为反应

管理心理学中的角色理论在管理会计和控制系统的行为后果研究中应用最为广泛。根据角色理论，角色冲突（role conflict）和角色模糊（role ambiguity）构成了角色压力的两个主要诱因。角色冲突是指两组或两组以上的压力同时出现时，服从一个会约束其他（Hartmann，2000）。而角色

[①] 本书中使用的问卷调查内容详见附录。

模糊则与特定角色所需要的信息可得性、清晰性和一致性有关。传统的会计学经验研究文献一般关注包含两个概念在内的工作紧张问题，当前涉及角色理论的会计研究也主要检验角色模糊而省略了角色冲突。为了更好地理解评价多样性对员工行为产生的不同影响，本书分别从角色冲突和角色模糊两个角度来建立假设。

在角色理论中，组织中的个体需要从事一系列行为，这些行为可以称为潜在行为。潜在行为代表了与组织中任一成员有关的角色。个体角色是由多种期望决定的，期望由组织中关注该角色的成员提出，并通过不同的压力途径得以传达。激励计划中的业绩评价指标就是影响个体角色的一种直接的激励压力。由于个体在经历同时存在的角色压力时会产生角色冲突，因此，角色理论预言，评价多样性在同一时间向员工传递了不同的角色压力，将导致角色冲突产生。除此之外，激励计划中的评价多样性还要求员工对财务指标和非财务指标进行平衡。例如，一个激励计划中包含两个业绩指标：收入和产品质量，员工对其中一个业绩指标的关注可能会导致对另一个业绩指标的侵蚀，因为收入和质量很难在同一时间达到最优，而包含以上两个业绩指标的激励计划要求员工同时提升这两个相互排斥的维度，当员工被激励去扮演多个产生独立成果的角色，并需要在这些相互冲突的角色之间进行权衡时，角色冲突产生。因此，关于评价多样性行为影响的第一个假设可以概括为：

H1：激励计划中的评价多样性对员工感受到的角色冲突水平具有直接的正影响。

角色冲突与员工被期望的多种行为有关，而评价多样性带来的角色模糊则与员工需要的角色信息有关。根据角色理论，员工需要与完成该角色有关的工作信息来实现组织对自身的期望。一般来说，完成某一角色必须要具备两种信息：一个是角色将要完成行为的内容，即要求该角色做什么；另一个是如何最佳地开展行为，即怎样做。业绩指标为员工提供了被期望行为的内容，但是却没有为期望的行为和达成期望的角色业绩提供所需要的"手段—结果"型的详细说明信息。仍然以包含两个业绩指标

（收入和质量）的激励计划为例，对员工来说，要实现收入指标，他需要与市场有关的信息；而要实现质量指标，员工则需要与产品有关的信息。而且，他需要了解两个指标之间是如何相互影响的。一方面，评价多样性通过提供更多与角色期望有关的信息来引导员工的行为方向（Hall，2008）；另一方面，评价多样性也对更多、更广泛的信息提出了要求（Ittner et al.，2003）。因此，角色理论认为，业绩评价指标中所包含的信息内容，尤其是这些指标如何帮助员工建立"手段—结果"之间的连接关系，这对预测评价多样性与角色模糊之间的关系是最为关键的。因此，评价多样性产生行为影响的第二个假设可以概括为：

H2：激励计划中的评价多样性对员工感受到的角色模糊水平具有直接的正影响。

5.2.2 行为反应与个人业绩、工作满意

借鉴角色理论关于角色冲突、角色模糊与个人业绩之间的负向相关关系结论，建立第三个和第四个假设：

H3：员工感受到的角色冲突水平对个人业绩具有直接的负影响。

H4：员工感受到的角色模糊水平对个人业绩具有直接的负影响。

此外，作为行为影响的结果变量，员工的"工作满意"将影响企业的未来长期业绩。个人工作业绩的提高将有助于员工自身工作满意度的提升，进而有助于企业长期业绩的增长。

H5：个人业绩对员工的工作满意度具有直接的正影响。

5.2.3 人格因素对评价多样性与行为反应之间关系的调节作用

在角色理论中，个体的人格与组织环境是影响个体行为反应的两个主要因素。在关于激励问题的会计研究文献中，有学者指出，对激励与业绩之间关系的研究，在很大程度上忽略了个性和环境因素（Bonner & Sprinkle，2002；Merchant et al.，2003）。基于代理理论（agency theory）的多数研究认为，员工拥有与组织目标不一致的个人利益。代理理论关于人及其行为方式的假设阻碍了我们对激励机制可能产生的多种行为反应的理解（Merchant et al.，2003）。为此，本书以管家理论为基础，选择价值承诺（value commitment）作为人格（model-of-man）的代表变量，考察员工的不同价值承诺水平会如何调节评价多样性与行为反应之间的相互关系。

人格是一个广义的概念，表明个体的品质特征（Simon，1957）。经济学中的代理理论以及管理学中的管家理论是人格模型的两个较为极端的代表。管家理论以心理学和社会学为基础，认为人是倾向于实现组织成功的，不会采取机会主义行为，他们以组织为中心通过集体主义行为开展合作。这一假设与代理理论对人的自利行为假设完全不同，管家理论与代理理论的主要观点比较见表 5 – 1。

表 5 – 1　　　　　　　　管家理论与代理理论的主要观点

	管家理论	代理理论
1. 人的本性	自我实现的人	经济人
2. 行为	利他/自利的权衡	自利
3. 心理机制		
①需要	较高层次/社会需要（成长、成就、自我实现等）	较低层次/经济需要（生理、安全、金钱等）
②动机	内在	外在
③社会比较	委托人	其他管理人员
④对组织的认同	高的价值承诺	低的价值承诺
⑤权利	个人的（专家化、相对的）	制度的（正统的、强制的）
4. 情境机制		
①管理哲学	参与导向	控制导向
②风险处理	信任	控制机制
③时间	长期	短期
④目标	业绩提高	成本控制
⑤文化	集体主义、低权力距离	个人主义、高权力距离

资料来源：Davis J H, Schoorman F D, Donaldson L. Toward a stewardship theory of management [J]. Academy of Management Review, 1997, 22 (1): 20 – 47.

为了区分组织员工的不同人格特征，本书引入了价值承诺变量。价值承诺是指对组织目标和价值的信任、接受以及为组织付出相当努力的意愿（Mayer & Schoorman, 1992）。员工价值承诺水平的高低一方面体现了员工作为人在本性和行为方式上的差异，另一方面决定了其不同的心理机制。根据管家理论：管家（代理人）导向的员工，其个人利益更倾向于与组织目标（不）一致，因而表现出较高（低）的价值承诺水平。在 H1 和 H2 的基础上，管家理论解释了激励计划对代理型员工的抑制作用（因为在代理理论的人格假设下，与组织目标不一致的个体利益将受到惩罚），以及对管家型员工的授权作用（因为多指标有助于员工理解组织成功的决定因素并培养员工的合作态度）。因此，价值承诺水平较高的管家型员工在面对多样性的业绩评价指标时，角色冲突和角色模糊感会低于价值承诺水平较低的代理型员工，即价值承诺对评价多样性与行为反应之间的关系具有调节作用。

H6：具有较高（低）价值承诺水平的员工，对多样性的业绩评价指标作出行为反应时，经历较低（高）的角色冲突。

H7：具有较高（低）价值承诺水平的员工，对多样性的业绩评价指标作出行为反应时，经历较低（高）的角色模糊。

在以上研究假设中，共设定了六个变量，分别为评价多样性（MD）、角色冲突（RCON）、角色模糊（RAMB）、个人业绩（PERF）、工作满意（JSAT）和价值承诺（VCOM）。在六个变量的相互影响关系中，最核心的关系是业绩评价与行为反应之间的关系，即评价多样性正向影响角色冲突（H1）、评价多样性正向影响角色模糊（H2）；作为行为反应的结果，角色冲突和角色模糊对个人业绩具有负向影响（H3、H4），并且会带来员工工作满意度的降低（H5）；作为中间变量，价值承诺对评价多样性与行为反应之间的关系起调节影响作用（H6、H7）。由此，在理论前提和研究假设的基础上，本书建立了各个变量之间的理论模型，如图 5-1 所示。

由于行为反应涉及心理因素，而对心理变量进行精确测量通常是一件非常困难的事。在社会与行为科学研究中，理论模型中的变量常常是难以测量的，被称为潜变量（latent variable）或不可观测变量（unobserved variable），如满意度、忠诚度、动机、离职意愿等。对潜变量的测量需要借助测量变量（measurement variable）、观测变量（observed variable）或称显变量（manifest variable）。本书理论模型中的六个变量（评价多样性、角色模糊、角色冲突、价值承诺、个人业绩、工作满意）均无法通过直接观测取得结果，因此，本书运用行为研究中较为常用的测量方法，通过设计合理的问卷项目，以问卷调查的方式取得相关潜变量的测量结果。

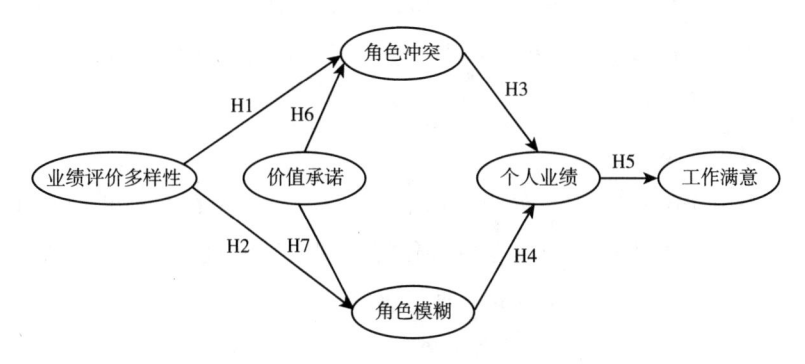

图 5-1 评价多样性行为影响的理论模型

5.3 研究的程序和方法

5.3.1 样本分析

研究样本的数据采集主要通过问卷调查的形式获得。根据本书的研究目的，能够进行评价多样性行为影响研究的目标总体（target population）比较宽泛，这一方面使得调查总体（survey population）的数量较多，但另一方面也为调查总体的确定带来了困难。考虑到不同行业的经营性质和业务范围，本调查对象主要以制造业为主，兼顾样本的全面性和代表性，调查对象同时分布于商业、金融业、服务业等有生产或实体业务的经营组织。针对企业中不同职务、不同岗位的员工，本研究根据问卷中职务一栏筛选基层员工作为合格样本。根据以上两个粗略的问卷发放原则，在具体实施调查行为时，问卷的发放是通过几个批次，采用多种渠道进行和完成的。

调查问卷的首次发放在进行实地研究的企业中进行，对象主要为生产制造人员、技术研发人员、职能部门业务人员、质检人员等。在该企业中共发放问卷150份，收回问卷113份，回复率75.33%。但由于该企业员工对此类问卷调查的重视程度不高，敷衍了事和回答不真实的情况比较普遍。问卷回收整理的结果为：有效问卷88份，有效样本回复率58.67%，有效回复率较低。

吸取首次问卷的经验教训，其后的问卷发放主要针对不同企业进行。问卷发放途径主要有"现场发放→作答→回收"和通过"网络作答→回复"两种形式。现场发放对象主要为MPACC学员、兵总骨干培训班学员和MBA学员。通过网络回答的对象范围较广。经过为期两个月、不同批次的问卷发放和收集整理，最终共发放问卷380份，收回问卷330份，扣除其中职务不符以及无效问卷25份，有效问卷共305份，有效回复率80.26%。样本中，男性员工161人，占比52.79%；女性员工144人，占比47.21%。有效样本分布的基本情况如表5-2至表5-5所示。

表5-2　　　　　　　　　样本行业分布

项目	制造业	商业	金融业	政府	文教体卫	服务业	建筑业	通信业	其他企业
人数（人）	164	14	30	4	16	43	10	3	21
比例（%）	53.77	4.59	9.84	1.31	5.25	14.10	3.28	0.98	6.89

表5-3　　　　　　　　　样本公司性质分布

项目	国有	民营	外资	合资	其他
人数（人）	183	31	46	35	10
比例（%）	60.00	10.16	15.08	11.48	3.28

表 5-4　　　　　　　　　　　样本工龄分布

项目	1年以下	1~3年	3~5年	5~8年	8~10年	10年以上
人数（人）	19	53	65	55	31	82
占比（%）	6.23	17.38	21.31	18.03	10.16	26.89

表 5-5　　　　　　　　　当前就职企业工龄分布

项目	1年以下	1~3年	3~5年	5~8年	8~10年	10年以上
人数（人）	35	69	71	47	19	64
占比（%）	11.48	22.62	23.28	15.41	6.23	20.98

通过样本的基本结构分析可知，被调查对象的行业分布主要集中于制造业，企业性质以国有企业为主。参加工作年限分布比较均衡，5年以上工作人员数量较多，表明样本的工作状态稳定，具有较强的代表性。总体来看，样本在人口统计特征上的分布比较均衡，具备本研究所要求的基本特征。

5.3.2　变量测量

5.3.2.1　评价多样性（measurement diversity，MD）

根据前面的理论分析，本部分拟通过以下三个指标变量测量业绩评价指标多样性。

（1）评价指标数量（number of measures，NMEAS）是指某员工的薪酬激励计划中包含的业绩评价指标的个数。该变量以数量方式直观描述了业绩评价指标的多样性水平。

（2）评价多样性指数（measurement diversity index，MDI）是一个计算指标，主要用来反映评价的分散程度。指数值越高（低），评价多样性水平越高（低），评价的分散程度越高（低）。MDI的计算公式如下：

$$MDI = 1 - \sum_{m=1}^{M} (pmw_m)^2$$

其中，pmw_m = 指标 m 的业绩评价权重。

设计评价多样性指数变量的原因是，业绩评价指标个数的多少并不能反映全部指标间的分散程度。如果一个激励计划中包含的业绩指标个数较少，或者某个指标具有很高的评价权重，那么该激励计划的业绩指标多样性就相对较低。MDI 指标试图从经验的角度来把握这些概念特征。举例来说，假设有如下三种激励方案，每个激励方案的评价多样性指数如表 5-6 所示。

表 5-6　　　　　　　　不同激励方案的评价多样性指数

激励方案	指标	权重	评价多样性指数（MDI）
A	销售收入	90%	18%
A	顾客忠诚度	10%	18%
B	销售收入	80%	44%
B	顾客忠诚度	10%	44%
B	运送及时率	10%	44%
C	销售收入	50%	50%
C	顾客忠诚度	50%	50%

在上例中，激励方案 C 的评价多样性水平最高（MDI 为 50%）。因为在 C 计划中不仅包含多个业绩指标，而且指标之间的权重较为分散，销售收入与顾客忠诚度各占 50%，也就是说，在指标重要性上两个指标是同等的。激励方案 B 虽然在指标数目上多于激励方案 C，但是由于指标权重集中于销售收入，因而评价多样性指数低于激励方案 C。与评价指标数量相比，评价多样性指数对评价多样性的衡量更加综合、全面。

(3) 非财务业绩指标的相对权重（non-financial measures weights, NONFIN）是指全部业绩评价指标中，非财务业绩指标占有的相对权重。该指标衡量非财务业绩指标在业绩指标体系中的重要性，是对内部业绩评价系统综合性特征的反映。

评价指标数量、评价多样性指数、非财务业绩指标权重三个指标变量的取得，是在实地研究、访谈和档案数据分析的基础上，通过问卷调查的方式获取的。

5.3.2.2 角色冲突（role conflict，RCON）和角色模糊（role ambiguity，RAMB）

对角色冲突和角色模糊水平的测量需要借鉴管理学、心理学等学科的研究成果，通过参考西方相关的成熟测量量表，经过适当的调整和修改，编制本研究中使用的包含30个项目的"行为反应调查"问卷，以李克特七点量表测量相关数据。

5.3.2.3 个人业绩（performance，PERF）

为了较为全面综合地反映个人业绩的结果，本书使用以下二个变量对个人业绩变量进行测量。

（1）自评业绩（self-rated performance，SPERF）。该项指标来自问卷调查，问卷回答者被要求对其业绩完成情况进行综合的自我评分，总分为10分。通过回答者对自身业绩结果的自评分数，可以获得员工对个人业绩的自我评定水平。

（2）客观业绩（objective performance，OPERF）。该变量代表相对客观的个人业绩结果，主要通过公司对个人业绩的综合评价得分进行测量，总分10分。客观业绩指标的客观性是相对而言的，因为公司（上级）对个人业绩的评价受监管者（评价上级）主观评价因素的影响，反映在客观业绩的得分中，只能代表一个相对客观的个人业绩结果。

5.3.2.4 工作满意度（job-satisfaction，JSAT）

工作满意度作为行为影响的结果变量，是个人层次代表业绩的一个常用变量，通过借鉴西方成熟的测量量表，以问卷调查的方式取得数据。

5.3.2.5 价值承诺（value commitment，VCOM）

价值承诺变量通过问卷的方式进行测量。测量方法与角色冲突、角色模糊和工作满意度的测量类似,通过借鉴西方的成熟量表项目,并结合我国实际情况进行适当修改,以李克特量表取得测量数据。

5.3.3 问卷设计

5.3.3.1 应用问卷调查方法的合理性

问卷是调查者用书面形式收集资料的一种手段。问卷调查法是通过发放设计好的结构式问卷,用同样的问题对不同被调查者进行调查,以获取所需具体信息的定量研究方法。问卷调查本质上是一种实证方法。在社会科学研究中,它是一种从宏观的角度,采取定量的手段,依据客观的验证来认识和说明社会现象的调查研究方法(风笑天,1994)。问卷调查法具有简便易行、省时省力,调查面广、信息量大的特点。特别是无记名问卷,消除了调查对象的心理顾虑和障碍,可以相对真实地取得比较客观的研究数据。因此,问卷调查是社会调查研究中收集原始数据最常用的方法,也成为实证管理会计研究的主要研究方法之一。

但由于问卷调查通常产生于一个不完整的环境之中,问卷的有效性和可靠性也常常遭到研究者的质疑。例如,在调查中,研究者无法抓住与研究相关的所有环境特征,对被调查者只能实施有限的控制;问卷内容设计的好坏也直接影响整个研究结论等等。虽然有众多质疑的声音,但是从大样本中收集数据的问卷调查,仍然是一个建立统计分析数据库的有用方法。从问卷调查方法在国内外管理会计研究中的应用现状来看,问卷调查方法在实证研究中的使用一直比较稳定(Wim et al., 2005),在我国还有不断上升的趋势(杨海峰,2004)。因此,本书认为使用问卷调查法取得研究数据具有合理性。

此外,由于研究主题的限制,本书的理论模型中主要涉及不可观测的潜变量,其中,半数以上是对员工心理、态度、感受、人格等主观变量的测量。借鉴心理学和社会学的研究方法,问卷调查就成为获取原始数据的主要形式。为了保证问卷内容的可靠性、有效性,本书在量表设计上主要借鉴了西方成熟的研究成果,同时听取了相关专家的意见,并选择部分企业员工进行了预试,根据反馈信息对问卷进行了反复修订。因此,可以认为,本书使用的问卷调查方法是科学的。①

5.3.3.2 问卷内容设计

鉴于问卷调查方法在管理会计研究中使用的合理性,本书将主要使用该方法获取研究中所需要的分析数据。本研究中的调查问卷共分四部分:第一部分为"基本信息";第二部分为"行为反应调查";第三部分为"价值承诺调查";第四部分为"工作满意度调查"。

第一部分"基本信息"用来获取以下三类信息:一是一般性的人口统计学资料,如公司所属行业类型、企业性质、性别、从业年限等;二是评价多样性信息;三是个人业绩信息,具体内容如下。

(1) 评价多样性。

在我国,企业员工的业绩、奖励、工资计划等均属于公司内部数据,且员工之间彼此保密,是一个比较敏感的问题。因此,获取激励计划中的评价多样性数据难度相对较大。本书进行了实地调查研究(实地研究中使用的主要技术和方法详见表5-7)。调研对象为某大型国有上市公司(以下称A公司),A公司所属行业为制造业。从行业和公司性质来说,对该公司进行实地调研具有较强的代表性。A公司总部员工802人,下设8家分(子)公司。A公司虽然尚未在公司整体层面上实施平衡计分卡,但在进行企业内部业绩评价的过程中采用了包含多个业绩指标的业绩评价系统,并将评价多样性包含于员工的激励计划中。员工的月度/年度绩效工资或奖金额与多个不同权重的业绩指标有关,且激励计划中包含非财务业绩指标。2023年,该公司对企业内部业绩评价系统进行了改革,这种改革势必对员工的行为产生较大的影响,因此,这对本研究来说也是一个契机。

---

① 从研究的结论来看,本书使用的问卷工具也得到了经验数据的验证和检验,问卷项目具有较高的一致性信度和结构效度。

表5–7　　　　　研究中使用的实地研究技术以及与
　　　　　　　企业内部经理沟通的小时数　　　　单位：小时

技术	A 公司
现场面谈	
与该公司控制者	
● 关于公司战略和组织	1
● 关于业绩评价系统	2
● 关于激励计划	2
● 关于初步的经验发现	1
与人力资源及财务、运营经理	
● 关于内部调查问卷	1
● 关于在本研究中使用的特别的问卷	2
● 关于激励计划的数据设置	2
向企业内部经理说明方案	3
电话沟通	5

通过与 A 公司总部人事、财务、运营三个与企业内部业绩评价相关的关键职能部门经理取得联系（三位部门经理在 A 公司的工作年限均超过 10 年，他们的经验和协助大大提升了对内部信息的获取质量和经验设置的水平），在分析 A 公司与激励计划相关的内部档案数据的基础上，本研究初步编制了用于测量评价多样性指标的问卷项目。[①]考虑到备选业绩评价

---

①　通过与 A 公司人力资源部经理关于奖金激励方案的沟通和相关文件的考察，得到 A 公司具体的奖金激励方法，即以个人业绩得分、工作级别和年工资额为基础进行现金奖励。业绩指标是多样的，而且可以定性和定量度量。每个业绩指标都有自己的标准/目标，并通过不同的指标权重进行平衡。对每一个指标来说，将真实业绩与目标业绩相比较进而可决定该业绩指标得分。个人激励计划中所有指标的得分乘以相应的权重，然后求和，就得到个人业绩分数。之后，用该得分乘以相应工作等级员工的奖金分配率算出奖励金额。现金奖励的标准最低为年金的2%，最高为45%，视工作等级而定。最后，算出实际的现金奖金额，与个人的年金有关。计算公式为：

$$Bonus_s = \left(\sum_m^M (pms_m \times pmw_m) \right) \times JOBG_i \times SAL_i \times \frac{sd_s}{365}$$

其中，$Bonus_s$ 为企业中某员工 i 最终的现金奖金支付金额；pms_m 为员工 i 在业绩评价指标 m 项目上的业绩得分；pmw_m 为业绩指标 m 的指标权重；$JOBG_i$ 为员工 i 与其工作等级相关的年现金奖励金额标准（2%~45%）；SAL_i 为员工 i 的年金；Sd_s 为该员工 i 在激励计划期间的工作总天数。

指标项目的通用性,在正式的问卷调查发放之前,先请多个行业(主要是制造业以外的行业)的多位职员进行了问卷预答,结合国内已有问卷中的调查项目,并综合预答结果,最终确定了问卷中使用的业绩评价指标的备选项目,共20项,包括工作时间或数量、计划/定额完成情况、工作完成质量、消耗成本或费用、工作态度和纪律、合作与团队精神、创新能力或成果、安全指标、生产效率指标、收入指标、利润指标、净资产收益率、现金流量指标、应收账款周转率、存货周转率、市场占有率、客户满意指标、环保指标、科研开发指标、其他。[①]通过被调查者在问卷中的选择,可以明确与奖金或升值有关的业绩评价指标的个数、权重和非财务业绩指标的使用情况。

(2) 个人业绩。

问卷的第一部分还包含被调查者对以上评价指标项目的综合自评得分和公司评价得分,以此作为"个人业绩"的测量指标。

(3) 角色冲突和角色模糊。

问卷第二部分是关于角色冲突和角色模糊水平的调查。使用的问卷工具来自里佐等(1970)。虽然有学者对该问卷的使用提出过质疑,但是心理学和管理学的研究文献都认为,以该工具作为检验角色理论的方法是充分的(Harris & Bladen, 1994; Netemeyer et al., 1990)。特别是,这一工具区分了两种行为反应,从而克服了会计学研究中通常使用的整体测量指标(summary measure)的局限性(Harrison, 1993; Marginson & Ogden, 2005; Otley & Pollanen, 2000)。

行为反应调查问卷共包含30个项目,其中,15个项目用来测量角色冲突(序号为奇数的项目),15个项目用来测量角色模糊(序号为偶数的项目)。

[①] 对评价多样性变量的测量,最理想的方法是通过企业内部的档案数据直接获得每位员工的激励计划,但鉴于激励方案以及奖金金额在实际调研中的不可得性,对评价多样性的测量只能在实地研究的基础上,退而求其次采用问卷调查的方式取得。

角色冲突通常以对角色要求的"一致—不一致"或"相容—不相容"等维度来定义，与角色要求有关的一致性或相容性可以通过与角色业绩密切相关的一组标准或条件来判断。问卷中的30个项目提供了对以下类型的角色冲突或角色模糊的测量。

①焦点人物（focal person）自身内在价值观或标准与所定义角色之间的冲突。这是一种个人角色冲突（person-role conflict）或角色内冲突（intrarole conflict），表现为问卷中的以下项目：我从事的工作太简单或太无聊；我不得不做（与我的想法）不同的事情；我从事的工作没有必要；我所从事的工作符合我的价值观。

②焦点人物的时间、资源或能力与所定义角色之间的冲突。这是焦点人物与角色相关的另一个（些）人之间产生的不相容，可以被视为信息传递者内部的冲突（intrasender conflict）。这种冲突也可能是组织原因引起的，对于焦点人物来说，他会感受到角色内冲突或个人角色冲突，即能力不足。表现为问卷中的以下项目：我有充足的时间完成自己的工作；我没有足够的人力去完成所接受的工作；我所接受的培训和所具备的能力足以胜任所接受的任务；我从事的工作量适度。

③同一个人不同角色之间的冲突。这些角色要求不同的或不相容的行为，或者要求焦点人物随着环境的改变而采取不同的行为。例如，角色超负荷，这对于焦点人物来说是一种角色间冲突（interrole conflict），焦点人物需要扮演角色系统中多于一个的角色。表现为问卷中的以下项目：不管我在哪一个团队中，我的行为都能够始终如一；我需要和两个或两个以上职能完全不同的团队一起工作。

④不相容的期望或组织要求。这类冲突主要表现为不相容的政策，来自他人相互冲突的要求或不相容的评价标准。表现为以下问卷项目：我在不相容的政策和指导下工作；为了完成某项任务，我不得不违反某项规定或政策；我接到两个人或多个人的不相容的工作要求；我做的事情容易被一个人认可，但是却不为他人所接受。

关于角色模糊没有明确的定义，通过对15个项目的问卷调查，分别对以下两个方面的角色模糊水平进行测量。

①对焦点人物行为结果的预测性,问卷中表现为:我完全出乎预料地被奖励或惩罚;我知道怎样的表现可以被加薪或升职;企业对我的工作质量(效果)进行通知或反馈;我不知道自己的工作是否能被上级认可。

②对焦点人物的行为要求是否存在或清晰。这些要求通常从环境中输入,作为行为的指南,为恰当的行为提供知识。通过问卷中的其他偶数项目来测量,包括:我知道自己的职权有多大;我的工作有清晰、有计划的目标;我缺少政策指南和引导,我合理地分配了时间;我清楚自己的职责;履行职责时,我不得不"摸着石头过河";我很确定对自己的期望是什么;我不确定自己工作的关联性;对要做的工作有清楚的解释;我不得不在含糊的指示和命令下工作。

(4) 价值承诺。

问卷第三部分关于"价值承诺调查"。根据迈耶和斯库尔曼(Mayer & Schoorman,1992)提出的包含8个问题的问卷调查工具可知,该工具建立了测量价值承诺的良好的心理测量方法。

(5) 工作满意。

问卷第四部分关于"工作满意度调查",通过明尼苏达满意问卷工具测量得到(Weiss et al.,1967)。工作满意度可以被视作个人业绩结果的主要指标,很多会计研究都采用了这一工具(Otley & Pollanen,2000;Harrison,1992)。而且,心理学的研究对此变量的有效性提供了强有力的经验支持(Butler,1983;Dunham,1977)。特别是,有些考察业绩评价与人类行为关系的管理会计研究,将工作满意度作为一个独立的变量来替代个人业绩(Chenhall & Brownell,1998;Brownell,1982)。范德斯特德等(Van der Stede et al.,2005)指出,主观业绩指标可能更适合对个人层次业绩所进行的研究。

在本问卷中,除第一部分需要被试根据实际情况作出自由选择外,第二、第三部分各个测项均采用李克特7级量表来衡量被访者的态度,1代表完全不符合,4代表中立,7代表完全符合。第四部分各个测项采用李克特5级量表来衡量被访者的态度,1代表非常不满意,3代表不确定,5代表非常满意。

5.3.4 研究方法

本书主要使用结构方程模型的方法进行理论模型的构建和检验。

结构方程模型(structural equation model,SEM)又称协方差结构模型(covariance structure modeling,CSM)或线性结构关系(linear structural relationship,LISREL),是一种非常通用的、主要的线性统计建模技术。结构方程模型广泛应用于心理学、经济学、社会学、行为科学等领域的研究。

在社会科学中,许多变量如智力、能力、信任、自尊、动机、成功、雄心、偏见、异化、保守、满意度等概念并不能直接测量,这种变量称为潜变量(latent variable),因此,研究中只能退而求其次寻找一些可以观察的变量(observed variables)作为这些潜变量的标识(indicators)。本研究中的员工行为反应变量、员工人格特征变量、员工工作满意度变量等属于此类。评价多样性、角色冲突、角色模糊、价值承诺等都属于潜变量,需要通过建立指标变量/观测变量进行度量,进而才能对研究中提出的理论模型进行验证。

结构方程模型分为测量方程(measurement equation)、结构方程(structural equation)和模型假设,最一般的情形是因果模型中的外生变量和内生变量都是潜变量,此时,外生变量和内生变量都有测量方程,加上潜变量间的结构方程,理论来说SEM有三个基本方程式,分别为:

方程1:

$\eta = B\eta + \Gamma\xi + \zeta$

方程2：

$x = \Lambda_x \xi + \delta$

方程3：

$y = \Lambda_y \eta + \varepsilon$

其中，"方程1"为潜在外生变量与潜在内生变量的结构模型（B 表示内生潜变量间的关系；Γ 表示外生潜变量对内生潜变量的影响；ζ 表示结构方程的残差项）；"方程2"为外生变量的测量模型（x 表示外生指标组成的向量；ξ 表示外生潜变量组成的向量；Λ_x 表示外生指标与外生变量之间的关系，是外生指标在外生潜变量上的因子负荷矩阵）；"方程3"为内生变量的测量模型（y 表示内生指标组成的向量；η 表示内生潜变量组成的向量；Λ_y 表示内生指标与内生变量之间的关系，是内生指标在内生潜变量上的因子负荷矩阵）。

结果方程模型在应用中的步骤主要有五步和八步两种观点。侯杰泰等认为有五大步骤，分别为模型设定、模型识别、模型估计、模型评价和模型修正。伊微特和林赛（Yvette & Lindsay）认为有八大步骤，分别是理论模型构建，构建路径图，变量的具体化和量化，选择输入的矩阵模型，评估样本大小的适当性及其影响，选择模型估计的手段，模型识别、模型评价、模型修正，交叉效度检验（张学军，2007）。本书倾向于使用更为具体的八步式研究步骤，但鉴于具体问题的分析需要，并不完全局限于分析步骤的限制。

根据本书的研究需要，具体的数据分析过程可以大致分为三个阶段，首先，对问卷的各测量项目进行探索性因子分析（EFA），确定原有的各个测量项目是否适合进行因子分析，进而确定因子变量；其次，在探索性因子分析结论的基础上对测量模型进行验证性因子分析（CFA），检验项目的内在一致性信度和测量效度，验证因子测量模型拟合实际数据的能力；最后，评价结构模型的拟合度，进行假设检验并修正模型。

具体研究中使用的分析工具为 SPSS 和 AMOS 统计软件包。

5.4 数据分析

5.4.1 探索性因子分析

5.4.1.1 探索性因子分析原理和模型

因子分析（factor analysis）是从研究变量内部相关的依赖关系出发，把一些具有错综复杂关系的变量归结为少数几个综合因子的一种降维多元统计分析方法。因子分析依其目的可分为探索性因子分析（exploratory factor analysis，EFA）和验证性因子分析（confirmatory factor analysis，CFA）。前者的研究目的在于从一组杂乱无章的变量中找出共同因素，以建立新的假设或发展新的理论框架；后者的目的在于验证研究中已有的因子结构。

在分析处理多变量问题时，变量间往往相关极为密切，使观测数据所反映的信息存在重叠。因此，人们希望找出较少的、彼此之间相对独立的综合变量来尽可能地反映原来变量的信息，这种方法称为探索性因子分析。其基本思想是将观测变量进行分类，将相关性较高的变量分在同一类别中，而保证不同类别变量之间的相关性较低。每一类变量代表了一个基本结构，即公共因子或潜在因子。因子分析的宗旨是试图用最少个数、不可测的公共因子的线性函数与特殊因子之和来描述原来观测的每一个分变量。

探索性因子模型的数学表达式如下：

$$X_i = f_{i1}F_1 + f_{i2}F_2 + \cdots + f_{im}F_m + \varepsilon_i \quad i = 1, 2, \cdots, p$$

其中，X_i 为原始数据的变量；f_{im} 为第 m 个共同因子 F_m 在第 i 个变量下的权重，一般称为共同因子负荷量（common factor loading），或简称因子负荷（factor loading）。F_1，F_2，$\cdots$，F_m 为共同因子（common factors）代表

在各个变量中共同出现的因子。ε_i 为第 i 个独特因子（unique factor）的误差项。概括来说，因子负荷表示第 i 个变量在第 m 个主因子上的负荷，反映了第 i 个变量在第 m 个主因子上的相对重要性，因子分析的基本问题就是要确定因子负荷。

本研究随机抽取了样本总数的 50%，先对全部项目进行整体的探索性因子分析，以此检验潜在因子与测量项目之间的关系。根据探索性因子分析的结果，确定因子与项目之间的测量模型。探索性因子分析的内容主要包括因子分析适合性检验，萃取因子并确定因子负荷。使用的统计工具为 SPSS16.0。

5.4.1.2 因子分析适合性检验

因子分析适合性主要通过 Kaiser-Meyer-Olkin（KMO）指标和巴特利特球形值（Bartlett's 球形值）进行检验。根据凯撒（Kaiser，1974）的观点，有：KMO > 0.9（很棒，marvelous）；KMO > 0.8（很好，meritorious）；KMO > 0.7（中等，middling）；KMO > 0.6（普通，mediocre）；KMO > 0.5（粗略，mediocre）；KMO < 0.5（不能接受，unacceptale）。[①]样本原始数据经过 KMO 及巴特利特球形检验后的结果为：样本的 KMO 值为 0.802，巴特利特球形检验值为 5 365.541，自由度为 1 891.000，显著性水平为 0.000（见表 5 – 8）。分析结果表明，样本数据适宜进行因子分析，能很好地解释变量间的关系。

表 5 – 8　　　　　　　　KMO 与巴特利特球形检验

KMO 抽样适度性检验		0.802
巴特利特球形检验	近似卡方值	5 365.541
	自由度	1 891.000
	显著性	0.000

[①] 转引自：林震岩. 多变量分析——SPSS 的操作与应用 [M]. 北京：北京大学出版社，2007：369.

5.4.1.3 因子结构

本研究以主成分分析法（principal components analysis）进行因子萃取，并以最大变异法（varimax）进行因子转轴，通过样本共萃取了六个特征值大于 1 的因子，按照特征值大小六个因子分别为价值承诺因子、角色模糊因子、工作满意因子、角色冲突因子、个人业绩因子和评价多样性因子。特征值分别为 14.912、4.303、2.935、2.607、2.495 和 2.074，累积的解释变异量为 69.885%，说明因子分析的结果较好地代表了原始变量。①通过分析因子载荷矩阵，删除其中因子载荷值低于 0.5 的测量项目，最终得到由 27 个项目组成的测量模型，对于该测量模型，将进一步通过计算各测量项目的 Cronbach's Alpha 系数来检验其内部一致性信度，通过验证性因子分析验证其效度。

5.4.2 信度检验和验证性因子分析

5.4.2.1 信度、效度检验原理

信度或效度分析主要针对问卷中的问题或变量，一般称项目（item）。信度也称可靠度，指一份量表所测得的分数的一致性（consistency）与稳定性（stability）。效度指测量值和真实值的接近程度。一般来说，效度高和信度一定高，而反之则未必然。

信度有内在信度和外在信度之分，内在信度指调查表中的一组问题（或整个调查表）测量的是否为同一个概念，通常使用 Cronbach's alpha 系数来衡量，以 Cronbach's alpha 系数来测量同一理论维度下各项目间的一致性，在基础研究中，信度至少应达到 0.80 才可接受；在探索性研究中，信度一般达到 0.70 可接受。另外，也有学者认为，Cronbach's al-

---

① 统计学中一般认为因子分析的方差解释量达到 80% 较为理想，然而实际调查很难达到，尤其是人文社会科学研究中，由于受到抽样以及调查的影响，解释量一般达到 60% 左右就可以接受。

pha 系数介于 0.70~0.98，都是高信度值；若低于 0.35，则必须拒绝。在实务中，a 值达到 0.60 即可认为该测量工作的信度是可接受的（林震岩，2007）。

效度分析分为内容效度、效标关联效度和构建效度，一般情况下，效度很难测量，验证性因子分析是对问卷效度进行测量的一种可靠方法。对于内容效度而言，本书对问卷内容的设计以理论为基础，借鉴西方的成熟量表并加以修正，在相关专家评审和修订的基础上形成最终的问卷工具，可以认为该测量工具具有较高的内容效度。构建效度主要通过验证性因子分析来进行检验。

5.4.2.2 验证性因子分析的原理及评价标准

验证性因子分析是结构方程模型（structural equation model，SEM）的特例，当结构方程模型用于验证某一因子模型是否与数据吻合时，称为验证性因子分析（confirmatiory factor analysis，CFA）。CFA 是一种证实的技术，即从构想模型出发，用数据与模型进行拟合，以检验观测数据对构想模型的支持程度，验证性因子分析的目的在于验证研究已有的因素结构。与传统的因子分析、回归分析和路径分析等多元统计分析方法相比，结构方程模型/验证性因子分析最大的优势在于允许有测量误差的情况下，同时对观测变量和潜变量以及潜变量与潜变量之间的关系进行验证。由于验证性因子分析充分考虑了观测变量与潜变量间的关系，并且对误差进行分析，因而常用于对各种社会、心理现象及其相互关系的探讨。

评价构想模型的拟合指标有多种分类，温忠麟等（2004）认为，一个理想的拟合指数应当具有以下三个特征：①与样本容 N 无关，即拟合指数不受样本容量的系统影响；②惩罚复杂的模型，即拟合指数要根据模型参数多寡而作调整，惩罚参数多的模型；③对误设模型敏感，即如果所拟合的模型不真（参数过多或过少），拟合指数能反应拟合欠佳。在具体研究中应使用哪些指标对模型进行评价，理论界并未达成共识，本书选择研究中常用的评价标准，所选择使用的指标可分为以下三种（Marsh，Hau & Grayson，2004）：绝对指数，相对指数/增值指数/比较指数，简约指数/

省俭指数。[1]

第一类绝对指数，例如：基于拟合函数的 κ^2，κ^2/df；表明近似误差指数的 SRMR（标准化残差均方根）、RMSEA（近似误差均方根）；代表拟合优度的指数 GFI（拟合优度指数）、AGFI（调整后的拟合优度指数）、CFI（比较拟合指数）等。根据 AMOS16.0 的研究结果，本书中主要使用 κ^2、κ^2/df、RMSEA、CFI 等绝对指数指标。各指标常用的判断标准为：与传统的 κ^2 检验相反，结构方程模型希望得到的是不显著的 κ^2。κ^2 越小，表示观测数据与模型拟合越好。但由于 κ^2 与样本大小有关，因此不直接以 κ^2 作为模型评价指标，而用 κ^2/df 进行衡量。κ^2/df 值越接近 0，表明观测数据与模型拟合得越好，一般认为，κ^2/df 在 2.0～5.0 之间，可以接受模型。$\kappa^2/df < 3.0$，观测数据与模型拟合很好，模型较好。近似误差指数 RMSEA 的取值一般在 0～1 之间，施泰格（Steiger，1990）认为，RMSEA < 0.1，观测数据与模型拟合较好，RMSEA < 0.05，观测数据与模型拟合很好，RMSEA < 0.01，观测数据与模型拟合非常好。[2] GFI、AGFI 和 CFI 的取值范围为 0～1，GFI、AGFI、CFI 值越接近 1，表示模型拟合越好。

第二类为相对拟合指标，如 NFI（规范拟合指数）、NNFI（不规范拟合指数）、IFI（增值拟合指数）等。NFI、NNFI 和 IFI 的取值范围为 0～1，其值越接近 1，模型拟合越好，一般认为 NFI、NNFI、IFI > 0.90 时，模型拟合较好。

第三类省俭指数，如 PNFI（省俭规范拟合指数）、PGFI（省俭拟合优度指数）等。使用省俭指数对模型进行比较时，PNFI 和 PGFI 越接近 1 越好，但具体到什么程度，没有统一的标准，国内有学者使用了 0.50 的可接受标准（蒋琰等，2008）。

在以下的验证性分析中，参照比较常用的标准，本书使用 κ^2、κ^2/df、

---

[1] 转引自：侯杰泰，温忠麟，成子娟. 结构方程模型及其应用 [M]. 1 版. 北京：教育科学出版社，2004：167.

[2] 转引自：侯杰泰，温忠麟，成子娟. 结构方程模型及其应用 [M]. 1 版. 北京：教育科学出版社，2004：169.

RMSEA、CFI、IFI、NFI、PNFI、PGFI 等拟合指数对模型进行评价，使用的统计工具为 AMOS。

5.4.2.3 理论测量模型的提出

根据探索性因子分析的因子结构，本书构建了如图 5-2 所示的理论模型。

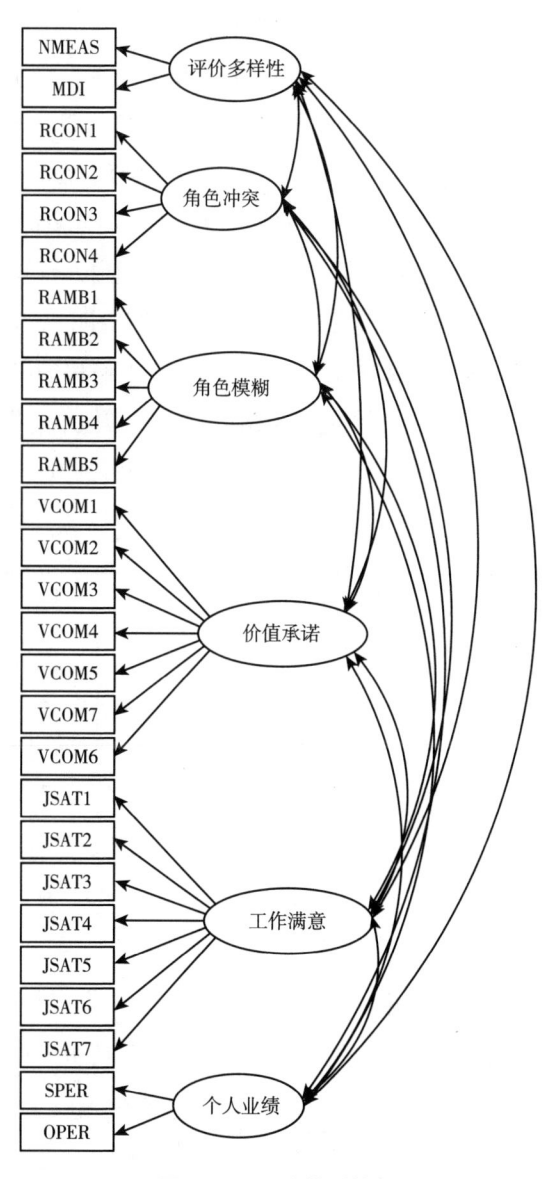

图 5-2 理论模型构想

5.4.2.4 信度检验及模型的拟合指标验证

通过计算由多个测项构成的各个潜变量的内部一致性信度值（Cronbach's alpha）可知，所有潜变量的 alpha 系数均高于可接受的最小临界值，变量的测量具有较好的内部一致性信度。

使用 305 个样本数据对测量理论模型的拟合优度进行检验，其结果显示，整个测量模型与数据的拟合度指标分别为（见表 5-9）：$\kappa^2 = 555.363$（df = 309 p = 0.000；κ^2/df = 1.797），IFI = 0.917，CFI = 0.916，NFI = 0.831，PNFI = 0.731，PGFI = 0.722，RMSEA = 0.051。在以上拟合指标中，只有 NFI 没有达到 0.90 的常用标准（0.831）。但是有学者的研究显示，NFI 受样本容量的系统影响，在样本量少的情况下，会低估拟合程度，因此一些研究中推荐使用的相对拟合指标没有列入 NFI（Hu & Bentler，1998，1999；温忠麟等，2004），[①] 而推荐使用 NNFI。由于本研究中使用的统计软件中没有 NNFI 结果的输出，考虑到本研究的样本量限制以及其他拟合指标均达到了可接受的水平，因此，可以认为，拟合指标结果说明方程的拟合效果比较好。

表 5-9　　　　　　　测量模型的拟合优度指标（n = 305）

拟合优度指标	模型各指标数值	说明
κ^2	555.363	
P	0.000	模型显著性小于 0.01
κ^2/df	1.797	小于 3，说明模型拟合较好
RMSEA	0.051	小于 0.1，说明模型拟合较好
IFI	0.917	接近于 1，说明模型拟合较好
CFI	0.916	接近于 1，说明模型拟合较好
NFI	0.831	接近于 1，说明模型拟合较好
PNFI	0.731	值较大，说明模型拟合较好
PGFI	0.722	值较大，说明模型拟合较好

5.4.2.5 验证模型输出

根据各个测项在其所测量的潜变量上的因子负荷水平可知，该测量工

---

① 转引自：侯杰泰，温忠麟，成子娟. 结构方程模型及其应用 [M]. 北京：教育科学出版社，2004：172.

具显示了较强的内敛效度。因子负荷及各潜变量间的相关系数详见图5-3输出的验证模型及与之相对应的表5-10测量模型分析表。

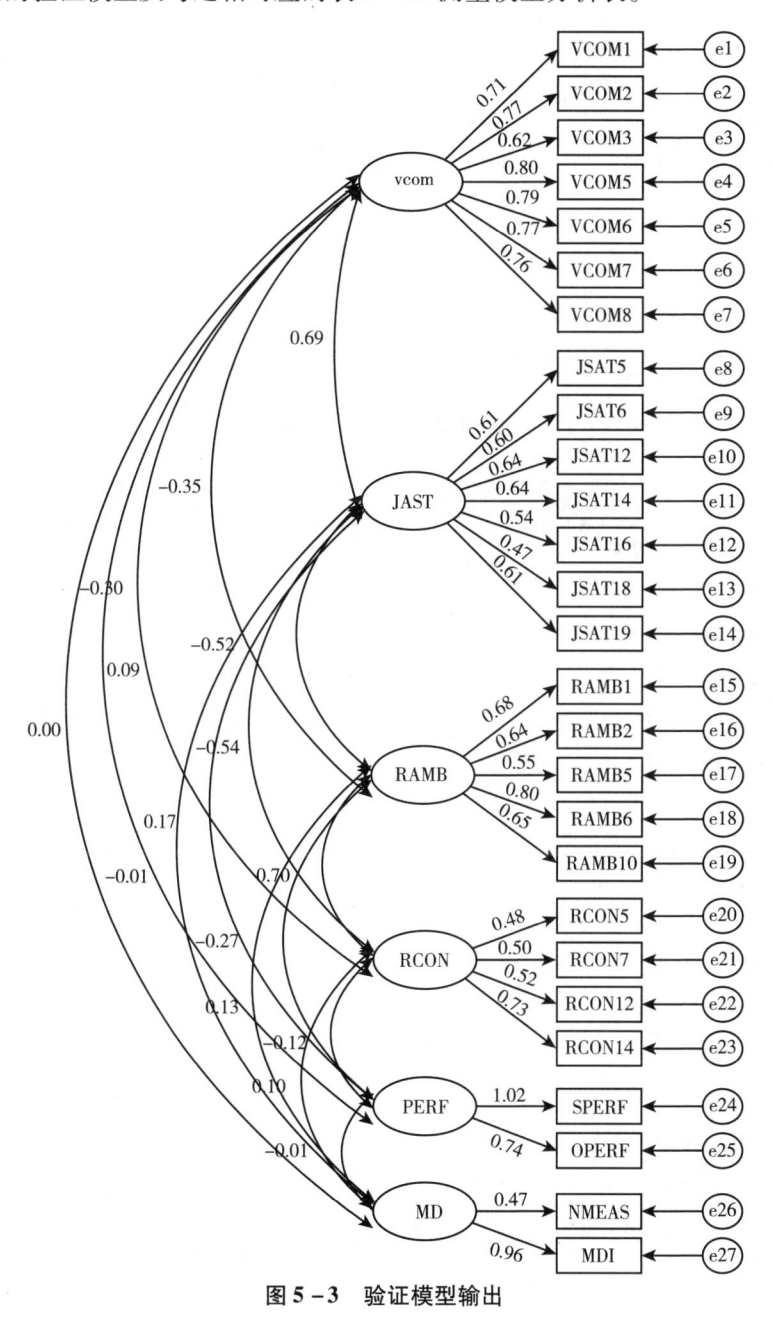

图 5-3 验证模型输出

表 5–10　　　　　　　　　　　　测量模型分析表

测量模型	标准化因子	未标准化因子负荷	S. E.	C. R.	P
价值承诺　alpha = 0.906					
对我来说，目前的公司是最好的工作单位之一	0.708	1.000			
我很骄傲地告诉别人我是该公司的一员	0.773	1.061	0.084	12.686	***
一般情况下，我赞同公司关于重大人事问题的政策	0.619	0.838	0.082	10.213	***
我把本公司作为一个很好的工作单位推荐给自己的朋友	0.796	1.148	0.088	13.051	***
我发现自己的价值观和公司的价值观相似	0.794	1.117	0.086	13.010	***
我很高兴自己在曾经考虑过的公司中选择了现在的企业	0.766	1.044	0.083	12.572	***
这家公司在工作业绩方面极大地鼓舞了我	0.760	1.047	0.084	12.472	***
工作满意　alpha = 0.842					
我的老板对待员工的方式	0.608	1.000			
我的监管者的决策能力	0.599	0.906	0.109	8.328	***
公司政策实行的方式	0.641	0.988	0.113	8.756	***
通过这份工作进步的机会	0.642	1.020	0.116	8.759	***
尝试用自己的方法进行工作的机会	0.543	0.861	0.112	7.715	***
同事之间彼此相处的方式	0.474	0.702	0.102	6.913	***
出色完成工作受到的称赞	0.606	0.920	0.110	8.403	***
角色模糊　alpha = 0.810					
我知道自己的职权有多大	0.679	1.000			
我的工作有清晰、有计划的目标	0.643	0.864	0.090	9.619	***
我合理地分配了时间	0.551	0.737	0.088	8.390	***
我清楚自己的职责	0.795	1.157	0.102	11.321	***
我很确定对自己的期望是什么	0.655	0.917	0.094	9.772	***
角色冲突　alpha = 0.728					
我在不一致的政策和指导下工作	0.481	1.000			
为了完成某项任务，我不得不违反某项规定或政策	0.500	1.060	0.182	5.816	***

续表

测量模型	标准化因子	未标准化因子负荷	S.E.	C.R.	P
我做的工作容易被一个人认可，但是却不为他人所接受	0.516	1.043	0.176	5.919	***
我从事的工作没有必要	0.728	1.479	0.217	6.816	***
个人业绩　alpha = 0.839					
业绩自评分数	1.023	1.000			
业绩公司评分	0.744	0.755	0.148	5.113	***
评价多样性　alpha = 0.701					
业绩指标个数	0.470	1.000			
评价多样性指数	0.963	0.118	0.097	1.216	***

注：*** 表示 P < 0.001。

由表 5-10 可知，在六个潜变量及其对应的观测变量之间，有三个观测变量对潜变量的因子负荷值低于 0.5，为了进一步提高对结构模型研究的准确性，将"工作满意"因子和"角色冲突"因子下，负荷值低于 0.5 的两个项目进行删除。考虑到"评价多样性"因子中，业绩指标个数和评价多样性指数两个测项对因子的测量方式与其他因子的测量项目不同，与此同时，业绩指标个数在评价多样性因子上的负荷值也超过了 0.4 的弱相关标准，[①] 考虑到评价多样性因子的重要性，本研究保留了因子负荷值低于 0.5 的"业绩指标个数"项目。这样，潜变量与其对应的观测变量的因素权重都达到显著，即测量模型成立。

5.4.3　结构模型的拟合度评价及假设检验

测量模型的信度和效度通过验证之后，可以进一步对本章开始的研究

---

① 蒋琰和茅宁（2008）在研究中指出，因子的负荷值如果小于 0.4 则为弱相关，大于 0.6 则为强相关，其他为中度相关。本书中"业绩指标个数"在"评价多样性"因子上的负荷值为 0.470，因此，可以认为基本达到了研究所要求的显著标准。

假设中提出的理论模型和假设进行检验。将表 5-10 中的潜变量及其测量项目代入如图 5-1 所示的结构方程，在样本数据中运行 AMOS 软件，基于极大似然估计法计算模型拟合指标和各路径系数的估计值。分析结果显示，结构方程模型的各项拟合指标为：$\kappa^2 = 687.028$（$df = 267$ $p = 0.000$；$\kappa^2/df = 2.573$），IFI = 0.851，CFI = 0.849，NFI = 0.777，PNFI = 0.691，PGFI = 0.755，RMSEA = 0.072。拟合指标的数值结果表明，结构模型同数据拟合得不够理想。导致这种情况的原因可能是模型设定时遗漏了一些原本可能存在的路径关系。同时，这也说明模型仍存在较大的改善空间。为了提高现模型与数据的拟合度，我们尝试寻找可能存在的潜在最优模型。研究过程中参考模型修正指数（modification indices）等指标，在现模型的基础上构建竞争模型，并通过比较竞争模型与原模型的拟合程度以及理论合理性来确定更合适的结构模型。

修正数据显示，路径 e28↔VCOM 上的 MI 值最高，达到 100.247，其次是 e26↔e29，MI 值为 60.025，该值表示若增加这一参数估计，其自由度将下降，且 κ^2 值将有大幅下降，同时两个路径的预期参数变化将分别为 0.485 和 0.381，这意味着开放路径限制模型拟合度将得到改善。为此，在原结构模型中增加了这两个路径的相关关系（以下称竞争模型 1），运行 AMOS 软件，其结果显示竞争模型 1 的拟合度为：$\kappa^2 = 489.014$（$df = 265$ $p = 0.000$；$\kappa^2/df = 1.845$），IFI = 0.920，CFI = 0.919，NFI = 0.841，PNFI = 0.743，PGFI = 0.812，RMSEA = 0.053。数据表明，全部指标均得到改善，达到了可以接受的水平。同原模型相比，竞争模型 1 在牺牲两个自由度（267-265）的情况下，使 κ^2 值降低了 198.014（687.028 - 489.014），$\Delta\kappa^2 = 198.014$ 在 $\Delta df = 1$ 时具有统计显著性（$p < 0.001$），这说明竞争模型 1 较原模型得到了非常显著的改善。

继续检查 MI 发现，模型仍有改善的可能，MI 值在 JSAT←RCON 路径和 JSAT←RAMB 路径上较其他值偏大（19.738，13.009），通过分别设置两个路径影响关系（即先单独设置角色冲突对工作满意的影响进行软件运行，之后再单独设置角色模糊对工作满意的影响进行软件运行）

以及共同设置两个路径的影响关系（即同时设置角色冲突和角色模糊对工作满意的影响进行软件运行），对比运行结果发现，单独设置角色冲突对工作满意影响路径的运行结果较好（称为竞争模型2），拟合度为：$\kappa^2 = 464.153$（df = 264 p = 0.000；$\kappa^2/df = 1.758$），IFI = 0.929，CFI = 0.928，NFI = 0.849，PNFI = 0.747，PGFI = 0.817，RMSEA = 0.050，κ^2值降低了24.861，其他拟合指标有小幅改善，从理论和逻辑考虑，作为个人业绩的结果变量，工作满意度很可能直接受到员工感受的角色冲突水平影响，从而使员工的工作满意度降低，这一路径具有理论的合理性。

基于以上判断和比较，本书最终以竞争模型2为基础进行假设检验，检验结果见表5-11。本研究共设定了7个假设，其中，H1和H3未通过验证，其余5个假设均得到了数据支持。新增的"JSAT←RCON"路径的系数估计值为-0.318（C.R. = -4.128，$p < 0.001$），具有统计显著性。本研究的最终模型及路径关系如图5-4所示。

表5-11　　　　　　结构模型及假设检验结果分析

路径关系（假设）	标准化回归系数	非标准化回归系数	S.E.	C.R.	P	影响方向	结果
H1. 评价多样性 → 角色冲突	0.137	0.081	0.051	1.6	0.110	正	不支持
H2. 评价多样性 → 角色模糊	0.164	0.127	0.058	2.183	0.029*	正	支持
H3. 角色冲突 → 个人业绩	-0.006	-0.009	0.112	-0.077	0.938	负	不支持
H4. 角色模糊 → 个人业绩	-0.255	-0.282	0.084	-3.349	***	负	支持
H5. 个人业绩 → 工作满意	0.231	0.150	0.047	3.164	0.002**	正	支持
H6. 价值承诺 → 角色冲突	-0.289	-0.197	0.058	-3.416	***	负	支持
H7. 价值承诺 → 角色模糊	-0.367	-0.328	0.063	-5.226	***	负	支持
新增路径：角色冲突 → 工作满意	-0.318	-0.306	0.074	-4.128	***	负	支持

注：* 表示 $p < 0.05$，** 表示 $p < 0.01$，*** 表示 $p < 0.001$。

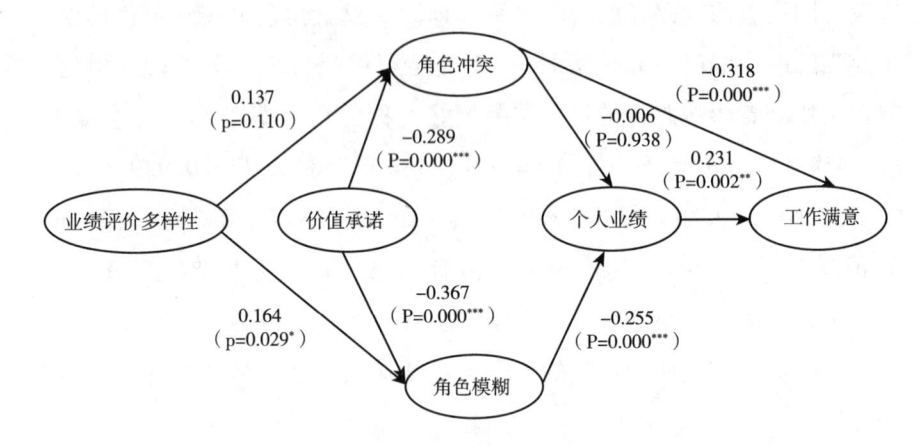

图 5-4 评价多样性行为影响的模型及路径关系

注：系数值为标准化路径系数；* 表示 p<0.05，** 表示 p<0.01，*** 表示 p<0.001；$\kappa^2 = 464.153$（df=264 p=0.000；$\kappa^2/df = 1.758$），IFI=0.929，CFI=0.928，NFI=0.849，PNFI=0.747，PGFI=0.817，RMSEA=0.050。

5.5 研究结论与启示

针对本研究开始时提出的三个所欲解决的主要问题，本书通过经验数据对理论构想模型的检验结果给予了回答。

H1 和 H2 回答了第一个问题。对于企业所采取的以评价多样性为特征的业绩评价行为，当员工的激励计划中包含了更多数量的业绩评价指标，尤其是当不同业绩指标间的权重分布较为分散（具有较高的评价多样性指数）时，员工会感受到较高的角色模糊。即薪酬激励计划中包含的业绩评价多样性对员工行为产生的影响集中表现为其角色模糊水平的提高，H2 的路径关系"业绩评价多样性→角色模糊"得到证实。但 H1 "业绩评价多样性→角色冲突"的路径关系不成立。鉴于此，为了进一步分析假设关系不成立的可能原因，本书对测量业绩评价多样性的三个指标项目进行了描述性统计分析，结果见表 5-12。

表 5-12　　　　　　　评价多样性指标的描述性统计

项目	样本量	最小值	最大值	均值	标准差
业绩评价指标数量（NMEAS）	305	1	20	5.4200	2.22600
评价多样性指数（MDI）	305	0.00	0.97	0.7634	0.12782
非财务业绩指标权重（NONFIN）	305	0.00	1.00	0.7816	0.23466

由表 5-12 对评价多样性指标变量的描述性统计结果可知，非财务业绩指标在被调查对象激励计划中所占的权重较高，平均为 78.16%。然而在探索性因子分析的过程中，该项目在评价多样性因子上因负荷较低而被删除，评价多样性测量指标的不完整性可能是导致假设未通过检验的一个方法上的原因，可以在未来的研究过程中，通过进一步完善业绩评价多样性变量的测量项目对该路径进行再次的分析检验以确证结论。

此外，从理论上解释，评价多样性与角色冲突之间假设关系不成立也具有理论上的逻辑可能性。由于本行为影响实证研究的对象主要以基层员工为主，调查对象的行业分布以制造业为主，工作级别和工作性质的不同，反映出员工所承担任务和职责的复杂性程度也不尽相同。一般认为，工作级别越高，所要求的能力经验和知识技能水平也就越高，所要求的对不确定性的应变能力越强。因此，较高的工作级别一般对应着更高的任务复杂性。相对而言，基层员工的任务结构比较简单，对其应变能力的要求不高，任务具有更高的结构性，因此在命令清晰的前提下，员工可能不会感受到较强的角色冲突。

第二个问题由 H3~H5 进行回答。根据 H3，角色冲突与个人业绩之间的影响关系没有得到验证，但是通过模型修正，增加了角色冲突对工作满意影响的直接路径，且路径系数达到显著水平。这说明，角色冲突会直接影响作为个人业绩结果的工作满意度。员工的角色冲突感可能没有直接影响相对客观的个人业绩得分，但是却对员工的工作满意度具有直接的负向影响。这一结论对我国企业内部业绩评价实践具有重要的意义。在实地调查研究的过程中，有相当数量的被调查者表示，其工作业绩的评价结果以及激励奖励的方式和金额主要受上级评价者的影响；在问卷调查的过程中，涉及评价指标项目选择和权重填写的内容也是被调查者认为难度最大的部分，从我国企业的现实情况来看，角色冲突对个人业绩结果的影响可能并未表现出显著的统计检验相关性，但是角色冲突与工作满意度之间的直接负相关关系的存在，将对企业的长期发展产生负面影响。

H4 和 H5 均得到验证，角色模糊对个人业绩产生负面影响，员工感受到的角色模糊水平越高，其个人业绩越低，由此导致员工的工作满意度越低。

对于影响评价多样性与行为反应之间关系的调整变量，本研究引入了与员工个性特征有关的人格因素回答第三个问题。根据组织中员工的不同价值承诺水平，可以判断其不同的行为方式，管家型员工的价值承诺水平较高，更倾向于实现组织成功，代理型员工的价值承诺水平相对较低，更关注个人利益的实现。因此，面对多样性的激励计划时，价值承诺水平将对角色冲突和角色模糊的感受程度进行心理调整，拥有较高价值承诺水平的员工，其感受到的角色冲突水平和角色模糊水平将相对较低。

上述研究结论为综合业绩评价系统的构建研究提出了新的方向，是系统构建研究的重要补充。我国对内部业绩评价问题的研究起步相对较晚，在借鉴国外先进业绩评价理论和技术的同时，要充分考虑我国特殊的企业环境，在业绩评价系统设计和实施之初，应尽可能对系统可能产生的行为影响和业绩后果进行合理的估计和验证。当系统产生的负面行为影响超过理论上系统可能带来的企业业绩提升时，企业需要进一步修正业绩指标组合，将业绩指标对员工的行为影响与评价系统对企业业绩的影响相结合，形成"业绩指标→行为影响／评价系统→企业业绩"的研究和应用思路。

此外，以行为会计为主要研究范式的企业内部业绩评价行为影响研究，其主要目的在于考察会计行为或会计系统与相关主体间的相互影响关系。行为影响研究是一种基于主体的自下而上的研究，与基于企业整体的自上而下的传统研究相比，前者对因果影响关系论证的逻辑性更强，避免了直接研究综合业绩评价系统或非财务业绩指标使用与企业整体会计或市场业绩间关系的逻辑跳跃。从本研究的实证结论来看,在我国特殊的企业环境背景下,以国有制造业为主体的研究对象,表现出对业绩评价多样性的角色模糊反应,该行为反应将进一步影响员工的个人业绩水平,并进而影响员工的个人满意。从长期来看,这种角色模糊的存在将对企业整体业绩产生负面影响,这一实证结论在一定程度上解释了国内外对业绩评价系统实施后果研究中不确定性的研究结论。作为对我国企业内部业绩评价行为影响实证研究的一种探索,本研究的结论和方法有待于在更广泛的样本主体和层次更为多样的样本主体中进行验证,除个性因素外,环境因素应该成为一个重要的调节变量。本书选取组织中的其他层次,对综合业绩评价系统与管理层之间的行为影响关系进行初步的探索性研究,以期探讨更多的行为影响模式。

第 6 章

内部业绩评价系统对管理层行为
影响的探索性研究

  企业中存在不同层级的管理者，管理者（managers）是企业组织中通过别人来完成工作的人。他们作出决策、分配资源、指导他人的活动从而实现工作目标。从职能上看，管理者的工作与基层员工显著不同，这种角色差异，决定了内部业绩评价对管理者的行为影响模式将区别于基层员工。根据本书第 4 章提出的两种行为影响模式，行为影响的系统模式在管理者行为影响研究中的使用更为多见。当然，系统影响模式仍然是以系统中的业绩评价指标为基础的，而且行为影响的原理和路径与指标模式没有本质差异。因此，第 5 章的实证研究结论，仍然为管理层的探索性研究提供了有益的参考和借鉴。本章界定了研究的对象（管理层），基于管理层的双重主体地位，对综合业绩评价系统可能产生的行为影响及行为后果进行了理论探讨。

6.1 管理层的界定及角色特殊性

  理论界关于企业经营者业绩评价、经营者激励报酬机制设计的研究不少，但是对经营者范围的界定却并不明确。[①]由于本研究涉及的研究对象是除企业经营者之外的管理层，鉴于管理者概念的宽泛性，本书将通过界定经营者来进一步界定研究中所针对的管理层，并进一步分析管理层的角色特殊性。

6.1.1 经营者与管理层

根据委托—代理理论，经营者是相对于企业所有者而言的。通常情况下，会计研究更倾向于将经营者作为一个抽象、笼统的概念，而并没有确切指出经营者包括企业组织架构中的哪些参与者。这种概念范围界定上的不明确，可能为一系列制度安排的设计和实施带来负面影响。近年来，随着 CEO、企业家、经理人等概念在学术文献和大众传媒中的广泛使用，经营者概念呈现愈加混乱的趋势。经营者主要指企业的董事会、总经理、CEO 还是其他相关管理主体？这一问题需要明确指出，经营者范围的界定对理论研究和公司治理实践都具有非常重要的意义。

根据赵玉洁等（2008）的观点，经营者必须是股东（所有者）聘请的，从事决定企业收益的经营活动（marketing），具有股东授予的经营权力并接受股东的监督和制约的个体或群体。在企业组织架构内，一般有股东、董事、总经理/CEO、其他高级管理者、中级管理层和一般职员等几个层次。[②]

[①] 例如，李苹莉（2000）对经营者业绩评价问题进行了系统研究，但并未对经营者的范围进行明确界定，在其后池国华（2005）的研究中，将李苹莉所称的经营者对应于董事会控制下的高级经理人员这一层次。这种对应是否合理还有待进一步分析说明。

[②] CEO 或总经理常常也是董事会成员，例如，担任企业 CEO 的最高级管理者，可以是董事长、副董事长，也可以是总经理。因此，在企业的高层组织架构中，成员之间经常彼此交叉。CEO 在我国最早出现在 20 世纪 90 年代末的一些网络公司中，但是从制度实施现状来看，我国企业的很多 CEO 并非真正拥有名副其实决策权的 CEO。有些研究指出，在中国，在董事长兼任总经理的情况下，该董事长/总经理就是 CEO。这种情况与美国的董事长兼 CEO 相似，有 20.9% 的中国上市公司董事长兼任总经理，该类公司的决策和执行权高度合一。在董事长不兼任总经理且并非每日在公司工作的情况下，总经理可以视作 CEO。这种情况与美国董事长和 CEO 分任情况类似，该类公司的决策权和执行权相对分离，有 34.3% 的中国上市公司属于此种情况。在上述两种情形之间，董事长不兼任总经理但每日在公司工作的情况下，董事长和总经理都具有 CEO 的职能，类似于国外两个公司合并后的磨合期产生的双 CEO 现象。至于实际运作中董事长和总经理谁的权力更大要视企业实际情况而定，一般而言，董事长权力稍强于总经理，有 44.8% 的中国上市公司属于这种情况。

其中,谁是企业的经营者?对这一问题的回答,理论研究和实践应用中的观点并不一致。本书赞同赵玉洁等提出的观点,认为董事会和董事具有正式的法定经营权力,可以决定企业做什么和怎样做,具有名义上的经营职能;而总经理及其他高级管理者具有实际的经营权,直接对企业的经营活动和经济效益负责。因此,董事、总经理/CEO,包括其领导下的相关高级管理团队成员(如副总经理、财务主管、人事主管、运营主管等)在内的高管层共同构成企业的经营层,都是企业的经营者。经营者的主要职能在于公司战略的制定和规划,对企业经营管理的全局负责。经营业绩评价的目的在于进行经营者的聘任决策、经营者的报酬计划及公司治理结构的构建,是对经营者作为代理人是否达到委托人的期望目标的分析(李萍莉等,2000)。

将董事会和高级管理层次纳入经营者范畴之后,本书将企业管理者中除经营者之外的其他管理者统称为管理层,主要包括各分(子)公司经理、各部门或地区的负责人以及部门内的中、基层管理者,其主要职责为负责战略的实施和控制。经营者对管理层的业绩评价即为理论界所称的企业内部管理业绩评价,作为管理控制的一个重要环节,内部管理业绩评价主要是指企业经营者对内部经营单位,或较高级管理层对下级管理层战略实施、控制活动的效率和效果的评价(内部业绩评价层次的详细分类参见图4-8)。管理层居于企业组织架构的中间层次,是组织内部信息沟通和传递的重要媒介,与经营者和基层员工相比,管理层具有角色特殊性。

6.1.2 管理层的双重主体地位与两类业绩指标的同质性

根据业绩评价的行为过程,业绩评价中的评价客体同时就是相应层次的业绩主体。管理层在接受经营者对其自身管理业绩评价的同时,承担着评价较低层级管理者或基层员工业绩的职责。管理层兼具业绩主体和评价主体双重主体特征。业绩评价系统对管理层的行为影响过程是主体平衡两种角色的动态过程,其行为影响方式和行为影响结果更加复杂。

业绩主体和评价主体是如何产生的,两类主体如何统一于一个/类个体？根据经济学的委托—代理理论，管理层的双重主体地位本质上是由于组织内部存在着多重的委托—代理关系。根据管理学的相关研究结论，管理层的双重主体地位是由管理者的管理职能和组织结构共同决定的。

20世纪初，法国工业家亨利·法约尔提出管理的五项职能：计划、组织、指挥、协调和控制。管理的上述职能被简化为四种：计划、组织、领导和控制。无论管理理论如何发展，"控制"都是管理的一项基本职能。而会计学中的广义管理控制即发挥着管理的这种控制职能，以业绩评价为重要环节的中义管理控制系统强调以定量为主的控制（张先治，2004），说明业绩评价是管理层履行其控制职能的一种重要的量化技术和方法。管理层的管理职能中已经内含了其作为评价主体的特征，也可以认为，管理层的评价主体地位是其履行管理控制职能的必然结果。

与此同时，经营者以同样的方式履行其经营管理职能，通过业绩评价来量化管理层的管理效率和效果。这一量化结果的表现形式，取决于不同组织结构的差异。组织结构界定了对工作任务进行正式分解、组合和协调的方式，它决定了控制的内容如何在组织内进行正式安排。一些传统的组织结构设计原则有助于理解管理层的双重主体地位，如命令链、控制跨度等。命令链（chain of command）是一种从组织最高层贯穿到最基层的不间断的职权线路，企业内部业绩评价在不同层次上的垂直分解就是根据命令链原则建立起来的。处于命令链不同层次上的管理者拥有不同的职权（authority），根据控制跨度不同，管理者对职权内以不同组织结构集合起来的群体业绩负责。例如，班组长对其所在的班组业绩负责，部门经理对其所在的部门业绩负责；水平组织结构下，团队领导对其所在的团队业绩负责等。经营者对管理层的业绩评价正是基于这样的组织结构前提，使用不同种类的业绩指标对班组、部门或团队的业绩进行测量，以此作为激励管理层的依据。管理层对其控制下的班组、部门或团队业绩负责，因而成为管理业绩主体。

以上分析已经显示出管理业绩与作业业绩的本质不同。基层员工作为作业业绩主体，对其自身的行为结果负责，管理层对基层员工的业绩评价是任务导向的；而管理层作为管理业绩主体，则需要对他人的行为结果负责，经营者对管理层的业绩评价是人际和结构导向的。差异产生的原因在于基层员工与管理层的不同职责。因为管理者本身就是通过"别人"来完成自己工作的。换言之，管理层对下属的业绩评价是提升其自身管理业绩的途径之一。管理层的评价主体角色先于其业绩主体角色而产生，管理层作为评价主体的评价行为将影响其作为业绩主体的管理业绩结果。管理的这一特性以及管理层的业绩主体和评价主体定位，引发了本书对两种业绩指标关系的思考：第一种，决定管理层薪酬的业绩激励指标；第二种，管理层用来测量和评价其下属业绩的评价指标。第一种指标针对管理层的业绩主体地位，第二种指标针对管理层的评价主体地位。两种指标间的关系界定，决定了业绩评价对管理层与对基层员工行为影响模式的差异，进而决定了行为影响研究方法的选择。

　　根据动机计算理论和期望理论，本书将管理层和基层员工两个层次主体的动机过程进行综合，用来分析前面提出的两种业绩指标间的关系。如图 6-1 所示，员工根据主导需要确定的个人目标进行动机计算，决定 E 要素并付出个人努力。员工的个人业绩输出一方面取决于个人付出的努力水平和个人能力，另一方面取决于客观业绩评价系统中输入的业绩测量指标。如果员工认为自己的奖励是建立在业绩测量指标基础上的，即评价者主要以客观的测量指标为基础进行评价和激励，那么，"业绩—奖励"之间的关系就更强；当员工因工作业绩获得的奖励，满足了他指向个人目标的主导需要时，员工就会表现出较高的动机水平和工作积极性。管理层的动机模型与此类似。通过描述这一动机过程，本书希望说明的是，基层员工动机模型中的业绩测量指标是由管理层输入的。管理层测量并评价基层员工业绩的哪些方面，取决于组织对管理层的哪些方面进行激励。换言之，管理层的管理业绩激励指标决定了管理层对下属评价时使用的业绩测量和评价指标。两种指标虽然在形式和内容上不尽相同，但在本质上没有差异，都是服从并服务于组织战略目标实现的信息传达。管理层的管理业绩激励指标表现为一定组织结构内员工个人业绩的总和，以更加综合的指标形式和指标内容激励管理者行为；基层员工的业绩评价指标则表现为任务或作业的分解。综上所述，两种业绩指标的关系是：管理层的管理业绩激励指标决定了管理层对基层员工评价时使用的测量和评价指标；基层员工业绩评价指标水平的综合决定了管理层管理业绩激励指标水平的高低。

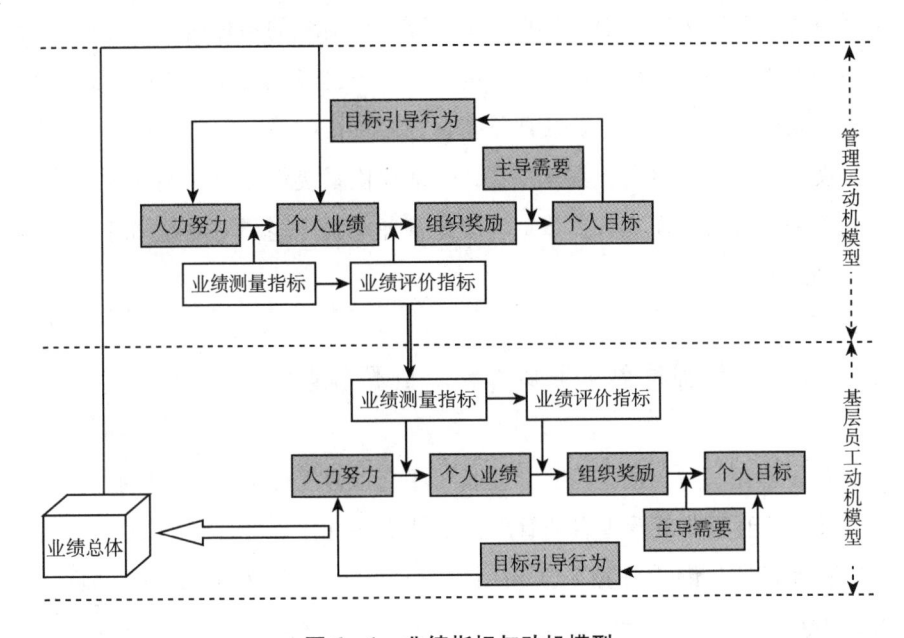

图 6-1　业绩指标与动机模型

明确了两种指标的相互影响关系，接下来的问题是，管理层的业绩评价指标从何处输入？本书认为，管理层的业绩评价指标来自战略，由企业整体的业绩评价系统输入。管理层在对下属进行业绩评价的过程中扮演着人际角色、信息传递者角色和决策角色。因此，系统层面的整体影响模式更适合对管理层展开行为影响研究。

6.2　内部业绩评价系统对管理层业绩行为的影响

管理层的管理控制行为是人际关系导向和结构导向的。管理层通过对关键业绩信息的传递和控制来影响下属行为，提升管理业绩。与基层员工的任务导向业绩结果不同，激励计划中与业绩指标数量和权重有关的简单指标特征，已经无法衡量整体业绩评价系统对管理层行为的综合性影响。一方面，管理层可能希望减少与薪酬和奖励挂钩的业绩指标维度，以降低业绩行为难度；另一方面，管理层又需要尽可能多的指标信息以完成其管理控制职能。综合来看，业绩指标的表面特征已经无法作为影响管理层行为的主要因素，而包含了业绩评价指标内容特征的系统模式，更适宜对管理层展开行为影响研究。具体来看，业绩评价系统将如何影响作为业绩主体的管理层行为，还要取决于管理层的管理控制职能和当前业绩评价系统的特征。

6.2.1 管理层的主要职能——管理控制

多数学者认为，企业内部管理业绩评价作为现代企业管理控制的一个重要环节，侧重于对管理者的管理控制结果进行评价，其根本目标是衡量各级管理者的战略实施控制活动的效果和效率（李苹莉，2000；周仁俊等，2005；池国华，2005）。这一观点表明，企业管理层的主要职能在于进行管理控制。管理控制是管理者影响组织其他成员以实现组织战略的过程（安东尼等，2004），是管理人员为保持或改变组织内部活动模式而采用的正式的、基于信息的例行程序和步骤（西蒙斯，2004）。管理控制的定义本身就是该主题研究的主要问题之一，根据张先治教授（2004）的观点，管理控制有广义、中义和狭义三种解释，本书在此处的研究中根据麦钱特（Merchant，2003）的相关论述，选择管理控制的狭义界定，主要针对管理层为主体的管理控制进行研究。

麦钱特（2003）指出，广义的控制系统有两个基本功能：战略控制和管理控制。战略控制主要解决战略是否有效的问题，而管理控制所要解决的一般问题是：员工的行为是否恰当？这一问题可以被分解为相互关联的四个子问题，分别为：①员工是否了解我们期望他们做什么？②员工是否按照计划实施组织战略？③员工是否有能力将工作做好？④如果以上几个问题的回答均是否定的，那么，如何解决管理控制过程中存在的问题。不难看出，管理层的主要职能在于影响其下属员工以企业期望的行为方式实现组织的目标和战略。管理控制关注对企业中人的影响，而不是成本或者其他。因为在麦钱特看来，组织中的人使组织战略的实现成为可能，成本不会自己发生，它受人的控制。由此，管理层的主要任务是处理与下属员工之间的关系，通过一定的系统、机制和方法来沟通、传递、反馈与组织战略有关的信息，控制员工行为使其以有利于组织目标实现的方式展开。

管理控制职能的实现需要借助一定的控制方法和管理控制系统。安东尼等（Anthony et al., 1998）从战略实施的角度，定义了管理控制系统的构成要素，包括战略计划、预算、资源分配、业绩评价和激励、责任中心分配、转移定价。其中，业绩评价和激励是实现管理控制职能的重要环节。为了实现管理控制职能，管理层需要获得与组织战略有关的信息，当前业绩评价系统是否有助于管理层获取更多与企业战略和组织成功有关的关键信息，从而提升信息沟通和传递的效率、效果，进而以更加有效的方式影响下属行为，实现管理业绩的提升？这取决于当前业绩评价系统的特征。

6.2.2 业绩评价系统的综合性特征

20世纪90年代以后，以平衡计分卡为代表的当前业绩评价系统表现出明显的综合性特征。以平衡计分卡为例，该系统综合了外部（股东和客户）与内部（运营、技术创新、成长）、成果（利润、市场占有率）与动因（新产品开发投资、员工培训、信息系统更新）、客观（员工流动率、顾客不满意次数）与主观（顾客满意度、员工忠诚度）、短期（利润）与长期（创新）等。伊特纳、拉克尔和兰德尔（Ittner, Larcker & Randall, 2003）在系统层面上重新定义了评价多样性（measurement diversity）概念，区别于默尔斯（2005）以激励为目的提出的指标层面的评价多样性定义，伊特纳、拉克尔和兰德尔（2003）认为评价多样性代表着一个广泛的业绩指标集合，是更加综合的业绩评价系统的重要特征。评价多样性是指为传统的财务指标增加多种非财务指标，以获得未被短期会计指标准确反映的关键战略业绩维度。

已有的研究表明，越综合的业绩评价系统包含着越多样的业绩指标集合。并且与企业战略相关的业绩指标提供了关于企业价值链不同组成部分的信息（Chenhall，2005；Malina & Selto，2001；Nanni, Dixon & Vollman, 1992；Neely, Gregory & Platts, 1995）。理论研究已经开始强调对综合业绩评价系统的信息维度进行检验的重要性（Chenhall, 2005；Ittner, Larcker & Randall, 2003）。业绩评价的相关研究文献指出，一个综合的业绩评价系统应当具有如下特征：①提供广泛的业绩指标集合，使业绩指标包含组织运行中的重要方面；②将业绩评价指标与组织战略和有价值的组织结果综合；③将不同职能部门和价值链的业绩评价指标进行整合（Chenhall, 2005；Henri, 2006；Ittner, Larcker & Randall, 2003；Malina & Selto, 2001；Malmi, 2001；Neely et al., 1995）。业绩评价系统何以发展成为具有综合性特征的多样性业绩指标集合体？一个简单的事实是：业绩指标间通常是彼此弱相关甚至不相关的。因为如果业绩指标之间彼此是强烈相关的，那么所有的指标就在实质上包含着相同的信息，正是因为业绩评价指标间弱相关甚至不相关的关系，才导致企业需要利用多样性的测量指标来完整地反映企业业绩。因为企业认为，不同的业绩指标将为业绩评价提供额外的增量信息。

6.2.3 综合业绩评价系统的信息功能

根据霍尔姆斯特伦（Holmstrom，1979）提出的"信息原则"（informativeness），每一个业绩指标的增加将以其提供的增量信息收益为原则。我国有学者研究了非财务业绩指标的信息功能并指出，信息经济学的观点认为，非财务业绩指标与业绩结果之间具有部分的价值相关性，表现为非财务指标与权益价值之间的直接联系、非财务指标对未来财务信息的预测能力以及非财务指标在管理契约中的作用（陈华敏，2006）。从企业内部来看，非财务指标是反映企业内部流程信息的主要载体，其他非会计部门掌握的信息被包括在会计报告中反映公司的总体战略，并且通过包括非财务和非量化评价方法的业绩评价系统向组织的各个部门传递战略，使所有员工理解并贯彻公司战略。非财务业绩指标提供的增量信息，主要通过非财务指标在管理契约中的作用表现出来。

综合业绩评价系统的信息功能表明，系统提供的额外信息将影响管理层的认知和激励，影响方式与业绩评价指标对基层员工的影响方式相同，都是通过群体水平的角色理论，衡量综合业绩评价系统提供的增量信息对管理层角色定位的影响，行为影响的结果表现为管理业绩的改变。

分析至此，在前面研究的基础上，我们可以为管理层的行为影响系统模式确立一个行为影响变量：综合业绩评价系统特征。该特征仍然以评价多样性进行度量，所不同的是，此处的评价多样性用于描述综合业绩评价系统的整体而非指标，内容而非形式，对评价多样性的测量主要以其包含的信息含量为依据。

6.2.4 行为影响系统模式的理论构建与方法探讨

本书第4章提出的行为影响基本理论框架表明，在内部业绩评价行为影响的系统模式和指标模式下，行为影响变量的差异并不影响行为影响的原理和路径。行为分析理论中提出的动机计算理论、角色理论同样适用于对管理层行为影响的研究。从西方当前较有代表性的研究成果来看，系统模式下的行为影响研究仍然以角色理论作为模型构建的基础。

6.2.4.1 理论构建

卡恩等（Kahn et al.，1964）提出角色理论时，使用的术语为角色模糊（role ambiguity）。本书在前面的研究中也使用了里佐等（1970）建立的问卷工具对基于激励计划、以基层员工为主的员工角色模糊水平进行了测量。本书认为，对基层员工而言，其角色模糊水平与完成作业业绩所需的与该工作角色有关的"手段—结果"型信息有关；而对于管理层而言，与管理控制职能相关的信息更多地表现为管理层对"目标"和"过程"信息的需求。因此，对管理层的行为影响研究，更适宜通过对角色模糊的对应概念（角色清晰）的研究展开。已有研究对角色清晰进行过系统阐述（Sawyer，1992），从概念上看，角色清晰和角色模糊没有本质差别，只是考察的角度不同。

索耶（Sawyer，1992）认为，角色清晰表现为目标清晰（goal clarity）和过程清晰（process clarity）两个方面。目标清晰指长期业绩目标和短期工作目标被清晰定义和表达的程度；过程清晰指个人对如何展开工作的确定程度。一般认为，业绩评价信息越综合，管理层对自身角色的期望越清晰，对完成期望角色所应采取的恰当行为越明确。柯林斯（Collins，1982）指出，管理会计系统可以提供与个人角色期望有关的信息。特别是，综合的业绩信息通过明确与工作角色相关的目标和恰当行为，进而可以提高组织内个体的角色清晰水平（Ilgen et al.，1979）。

综合的业绩评价系统通过提供与组织战略和组织运营相关的信息，以提高管理层的角色清晰水平，因为上述信息有助于管理层更好地理解他们在组织中的角色。综合的业绩信息使管理层洞悉组织愿景并为其理解自身在组织中的角色建立了参照点（reference point）（Bowen & Lawler，1992；Lawler，1992）。业绩评价系统越综合，对组织战略意图的呈现和沟通就越清晰，且有助于描述业绩的不同维度，这些对描述组织运营非常重要（Kaplan & Norton，1996；Lynch & Cross，1992；Simons，2000）。因此，可以认为，综合的业绩评价系统能够提高管理层对自身角色期望内容的理解和把握，从而提高目标清晰水平。

此外，综合的业绩评价系统通过提供业绩信息来提高过程清晰水平。因为与业绩有关的信息增强了管理层对业绩驱动因素的理解，明确了管理层行为对价值链各个组成部分的影响，以及组织运营各个职能间的相互关系。班克等（2004）认为，跨价值链的指标整合有助于个人对交叉职能间关系的理解。马林娜和塞尔托（Malina & Selto，2001）发现，当业绩信息综合统一时，平衡计分卡对管理企业是非常重要的。由此看来，综合的业绩评价系统所提供的综合业绩信息有助于管理层的目标清晰和过程清晰，即综合的业绩评价系统与管理层的角色清晰水平正相关。

经验研究结果表明，角色模糊负面影响工作业绩，因此，角色清晰与工作业绩正相关。

上述分析建立了综合业绩评价系统对管理层行为影响的理论假设模型，即综合的业绩评价系统与管理层角色清晰水平正相关，角色清晰与管理业绩正相关。

6.2.4.2 研究方法

为了验证上述理论假设，本书认为，先需要建立测量工具对评价多样性、角色清晰和管理业绩分别进行测量，之后应用结构方程模型对理论假设进行验证和修正（具体方法可参考第5章的研究）。有效的问卷工具是常用的测量方法，可以结合我国企业实际，设计问题项目对我国企业业绩评价系统的评价多样性特征、管理层的角色清晰水平以及管理业绩进行测量。例如，使用李克特量表对企业管理层进行问卷调查，请管理层对涉及业绩评价系统特征的相关问题进行评分。[1]但是，此项研究在国内进行的难度较大，原因在于，第一，我国对内部业绩评价问题的研究仍然以业绩评价系统和指标体系的构建研究为主，行为影响研究尚不成熟。[2]第二，国内

---

[1] 例如，陈霍尔（2005）为测量业绩评价系统特征设计了如下问题：业绩评价系统以文字形式建立，且有业绩评价的相关记录；业绩评价系统将您所在单元/部门的行为与组织长、短期目标的成功相联系；业绩评价系统表明了您所在单元/部门的活动如何影响组织内其他单元/部门的行为等。霍尔（2007）在借鉴陈霍尔（2005）的基础上，提出新的测量项目：业绩评价系统提供了您所在经济单元/部门不同领域的广泛业绩信息；业绩评价系统提供了有关经济单元/部门运行重要方面的多样化信息等。通过七点式李克特量表，管理层对上述项目评分，以得分结果评判该企业业绩评价系统是否具有综合性特征。

[2] 杜、肖和周（2008）对我国1995～2005年发表在18个相关学术期刊上的管理会计文献进行统计研究，结果表明，业绩评价及与业绩评价密切相关的研究（如预算、责任会计等）占比近半（47%）。但从研究内容来看，与业绩评价有关的研究主要集中于对创新财务指标（如EVA）和综合业绩评价方法（如平衡计分卡）的概念、内容和应用的介绍以及对其优越于传统财务指标的解释。

企业一般都采用了内部业绩评价的程序或方法,但是业绩评价是否具有综合性特征以及综合性特征如何表现在不同的企业中差异较大,这为样本的选择带来了困难。第三,通过问卷调查的方法建立潜变量的测量量表,这种研究方法在我国管理会计研究中的应用并不普遍,问卷设计的信度和效度很难达到理论要求的标准。第四,在我国企业的管理层中,尚缺乏进行科学问卷和调查研究的文化和制度氛围。因此,本书针对管理层的行为影响研究,尚停留在探索性研究的阶段,有待理论和经验研究的进一步深入。

6.3 内部业绩评价系统对管理层评价行为的影响

在一个现代企业组织中,经营者和管理层分别为两个不同层级的内部业绩评价主体。经营者在接受外部利益相关主体监督、评价的同时,负有对组织内部各地区、各部门或分支机构管理层进行业绩评价和监管的职责;管理层在接受经营者对其管理业绩评价、激励的同时,也需要在履行管理控制职能的过程中对其下属机构和员工的管理或作业业绩进行评价。作为评价主体,管理层在对下属进行业绩评价的过程中,面临着与经营者相同的判断和决策问题。以平衡计分卡为代表的综合业绩评价系统提供了多样性的业绩评价指标,评价主体在选择评价指标和为指标赋权的过程中,受到其自身认知能力、决策能力、情感偏好等多方面心理和认知因素的影响。因此,与综合业绩评价系统实施相伴随而来的一个现实问题是:业绩评价指标多样性使评价和激励过程中评价主体的主观业绩评价和激励成为必然。评价指标多样性如何影响管理层的主观业绩评价,换言之,管理层面对多样、综合的业绩评价指标将如何进行主观的判断和选择,是一个影响业绩评价系统实施效果的重要问题。

6.3.1 综合业绩评价系统与主观业绩评价的产生

主观业绩评价是相对于客观业绩评价概念提出的。客观业绩评价一般是指基于定量的业绩指标和固定的计算公式，将实际业绩与设定的业绩标准相比较而得出评价结果的业绩评价方法。而主观业绩评价则是基于评价者个人的主观判断或基于主观指标的业绩评价方法（Gibbs et al., 2004）。与客观指标的可观察和可验证性相反，主观指标是指无法经法庭验证的，通常只对评价者个人来说是可观察的指标（Murphy & Oyer, 2003）。相对于固定计算公式、以量化的客观业绩指标为依据的奖励计划（formulas-based bonuses），人们将包含着上述主观因素的激励契约称为主观性奖励计划（subjective bonuses）或随意性奖励计划（discretionary bonuses）。

一个具有指标多样性特征的综合业绩评价系统，意味着员工激励计划中包含多于一个的业绩评价指标且指标间的权重较为分散、对非财务业绩指标的倚重程度较高。因此，评价多样性在业绩评价和激励中引入非财务业绩指标的同时，也引入了主观业绩评价。近年来，随着综合业绩评价系统在实践中的运用，业绩评价和激励计划中主观因素的普遍存在，使主观业绩评价成为理论界研究的前沿课题。主观性在评价和激励中表现为以下两个方面：第一，对多样性的业绩指标进行主观赋权；第二，激励计划中直接包含主观业绩评价指标。尼利（1999）认为，将主观性引入评价和奖励过程，可以增强评价系统的灵活性和评价的全面性，主观业绩评价之所以产生，有其存在的经济学理论基础。

委托—代理理论认为，在信息不对称和目标利益不一致的情况下，代理人的逆向选择和道德风险会给企业带来一定的代理成本，为了减少代理成本，委托人选择与代理人签订激励契约，通过激励契约设计来促进委托人和代理人的利益趋同，并以此实现企业代理成本的最小化。由于代理人努力不可观察，因此产生了基于客观业绩评价指标的报酬激励方案，如计件工资、年薪制和股票期权计划等，可称为显性激励契约。但在现实世界中，首先，委托人的目标往往无法通过一个/组完全确切的客观业绩指标表示出来，这使得客观业绩指标无法包含代理人行为及努力的全部信息，也就是说，客观业绩指标并非总是完美无缺的。因此，员工合作能力、创新能力、工作态度、团队协作等方面的主观业绩指标因具有提供额外信息的功能而被广泛采用。其次，在很多情况下，代理人的行为、努力以及努力的结果都是不可完全通过合约体现的，也就无法通过客观业绩指标进行衡量，在这种情况下，显性激励契约因缺乏必要的客观业绩基础而无法使用。例如，对人事经理或财务主管的评价、激励。最后，代理人的活动和任务常常是多维的，当代理人从事两种以上的任务，且不同任务之间具有替代性时，如果某些任务及其成果具有可观察性，而其他任务不可观察，那么基于客观业绩评价的显性激励契约可能会引发激励扭曲问题。因此，主观业绩评价作为对客观业绩评价的必要补充而被采用。基于委托—代理理论的论证认为，主观业绩评价不仅能在一定程度上弥补客观业绩评价的缺陷，而且还有利于显性激励合约作用的发挥。

6.3.2 主观业绩评价的两种研究思路及研究成果

基于不同的理论基础，理论界关于主观业绩评价的研究呈现出两种不同的方向。

6.3.2.1 基于经济学委托—代理理论的研究

基于经济学委托—代理模型的研究主要关注不同的业绩指标选择在提高委托人与代理人目标一致性中的作用。研究指出，业绩指标的选择应当遵循信息原则（Holmetrom，1979；Banker & Datar，1989；Feltham & Xie，1994；Hemmer，1996；Lambert，2001）。该模型下的两个主要研究结论为：第一，激励计划中应包含所有（无成本的）提供与代理人行为增量信息有关的指标；第二，每个指标所应赋予的相对权重是该指标噪声水平的函数，指标的噪声水平主要表现为该指标的敏感性和准确性。虽然基于委托—代理模型的研究并未指出应该在报酬合约中包含哪些具体类型的业绩指标，但是有学者对非财务指标的作用进行了研究（Feltham & Xie，1994；Hauser et al.，1994；Hemmer，1996），这为主观业绩评价存在的合理性提供了证据。

以传统的委托—代理理论框架（Holmstrom，1979；Grossman & Hart，1983）为基础，布尔（Bull，1987）先建立了研究主观业绩评价和奖励的分析性模型，并将主观业绩评价引入理论经济学家的视野。此后，经过麦克劳德等（1998）、贝克等（1994）、普伦德加斯特和托佩尔（1996）、麦克劳德和帕伦特（1999）、麦克劳德（2003）以及莱文（2003）的拓展，逐步形成了基于委托—代理理论的主观业绩评价的分析模型。布什曼等（Bushman et al.，1996）采用实证研究的方法，经验地揭示了主观业绩评价在设计激励合约方面的积极作用，从而推动了主观业绩评价经验研究的发展。此外，吉本斯（Gibbons，1998，1999）、贝克尔等（2002）、墨非和奥耶（Murphy & Oyer，2003）、伊特纳等（2003）、吉布斯等（Gibbs et al.，2004）、费希尔（Fisher，2005）对主观性奖励计划的作用、决定因素以及后果等问题进行了深入研究。[①]

6.3.2.2 基于管理心理学理论的研究

不同于委托—代理理论以理性假设为前提进行的模型构建，以管理心理学为基础的主观业绩评价研究主要考察人类信息处理局限以及不同的决策战略如何影响业绩指标的使用。

管理心理学理论认为，管理者对信息的认知能力、处理能力是有局限性的，这种局限性会对业绩评价指标的运用和结果产生负面影响。行为研究的结果表明，诸如信息超负荷（information overload）和认知偏见（cognitive biases）等行为因素，对平衡计分卡中不同类型业绩指标赋权的影响非常大（Lipe & Salterio，2000，2002）。尤其是，此类研究发现，虽然其他类型的指标同样提供了有关下级业绩的相关信息，但是评价主体经常会对某类业绩指标赋予很大的或排他性的权重。由此，主观业绩评价指标选择的可靠性成为管理心理学研究的重点。

以管理心理学为基础的早期研究主要关注管理者无意认知偏见产生的原因以及应如何消减等问题，通常的研究方法是对同一项工作分别采用主观指标和客观指标来进行评价，并检验两种结果的相关性以及影响二者评价差异的因素（Heneman，1986；Bommer et al.，1995）。一些研究以管理

---

① 转引自：高晨. 主观业绩评价研究：述评与启示［J］. 会计研究，2008（4）：85.

者的社会偏见（social biases）为重点，主要关注主观业绩评价和激励可能产生的双边道德风险，检验主观性评价和激励的运用对管理者评价中的"偏好主义"和对员工"讨好"行为的影响。需要特别指出的是，由于平衡计分卡等综合业绩评价系统在实务中的应用，理论研究开始关注评价主体如何在多样性的指标体系中进行评价指标选择、如何对指标赋权、如何将主观性评价与奖金激励相联系等方面的问题，即研究主观评价和判断的存在将如何影响评价者的选择，以及主观选择及评价的结果将如何进一步影响综合业绩评价系统的实施效果（Lipe & Salterio，2000，2002；Ittner et al.，2003；Banker et al.，2004；Dilla et al.，2005）。

6.3.3 主观业绩评价对管理层评价行为的影响

概括来说，经济学的委托—代理理论为主观业绩评价存在的合理性提供了理论基础。以委托—代理模型为基础的主观业绩评价研究主要围绕主观业绩评价和激励的优缺点、影响主观业绩评价和激励使用的不同层次因素等内容展开。虽然没有提出应如何将不同形式的主观性融入报酬契约，但是已经在一定程度上肯定了主观业绩评价和激励存在的积极意义。而以管理心理学为基础的主观业绩评价研究，则更多地关注了主观业绩评价过程中可能存在的问题，是对主观业绩评价行为影响和行为后果的研究。本书主要沿着管理心理学的研究思路，考察评价多样性中主观业绩评价的存在可能对管理层评价行为产生的影响，从而为综合业绩评价系统的有效实施提供多方面的参考和借鉴。

6.3.3.1 多样性指标与管理层可能的判断、选择行为

认知心理学认为，人的认知过程通常要受性格、知识、文化结构背景以及环境和情境的影响，这些影响认知水平的因素会直接影响人的决策（何大安，2006）。当面对包含多样性指标的综合业绩评价系统时，管理层将如何判断不同业绩指标的重要性程度？如何为不同的业绩指标赋权？如何使用主观判断进行不可合约业绩的评价和激励？管理层的主观评价行为

将会受到哪些因素的影响？可能产生怎样的评价后果？这些问题一方面涉及综合业绩评价系统对管理层评价行为的影响，另一方面关涉综合业绩评价系统的实施效果，是会计学研究中较为前沿的问题。

卡普兰和诺顿（1996）提出，平衡计分卡反映四种类型的业绩指标：①财务指标和非财务指标；②外部指标（财务和顾客）和内部指标（关键业务流程、创新、学习和成长）；③输入/动因指标和输出/结果指标；④客观、易量化指标和主观、需判断指标。此外，主观业绩评价研究中有学者将上述业绩指标综合，根据实际应用中指标的通用性，将上述指标区分为共同指标（common measures）和独特指标（unique measures）。共同指标是指适用于企业内所有部门/单位的指标，如销售和收入指标、周转时间指标等。独特指标是指某部门/单位为了实现特定目标或战略而制定的，专属于该部门/单位的业绩指标。通过以上几种不同类型的指标分类，我们可以分别考察管理层在对不同类型的指标进行判断、选择时可能存在的行为倾向。具体来说，就是考察管理层在面对"动因指标与结果指标""财务指标与非财务指标""客观指标与主观指标""共同指标与独特指标"时，在指标的选择使用上可能存在怎样的行为倾向。

（1）动因指标与结果指标。

基于心理学的研究关注认知和情感因素对业绩指标选择的影响。其中，最常见的观察结论与"结果效应"（outcome effect）有关。评价主体在评价下属业绩时会系统性地高估结果型指标的重要性（Mitchell & kalb, 1981; Baron & Hershey, 1988; Hawkins & Hastie, 1990; Lipe, 1993; Ghosh & Lusch, 2000）。这些研究发现，评价主体在评价下级业绩时，倾向于以结果为标准，而不太在意取得该结果所采取的行为是否恰当。之所以会形成对结果的过分强调，是因为结果信息影响了评价主体对下级业绩进行评价时所依赖的客观证据（Slovic & Fischhoff, 1977）。因此，一般情况下，评价者更倾向于使用结果指标。

内部指标与外部指标的使用与动因指标和结果指标类似。因为内部指标（如创新、流程改进、员工满意度等）一般是外部指标（如财务和客户)的前导或动因,因此,当评价者感到外部指标代表预期结果时,根据结果效应,评价者会更加重视外部指标。

(2) 财务指标与非财务指标。

相对来说,以心理学为基础直接检验财务指标与非财务指标在业绩评价和激励中使用情况的文献不多。但是根据"结果效用"的研究结论,由于评价者偏好使用结果或结果导向的指标,而财务业绩的提高是实施平衡计分卡系统的最终目标(Kaplan & Norton,1996)。因此,与非财务指标相比,财务指标在评价中有可能被评价主体赋以更高的权重。而且,根据弗雷德里克森等(Frederickson et al., 1999)的研究结果,如果评价者曾经有过基于结果指标进行业绩评价的经验,那么在其之后的评价过程中,结果效应会被加强。由于财务指标是传统的业绩评价指标,在业绩评价实务中被广泛采用,因此,对财务指标使用的结果效应会导致评价者在评价过程中更多地使用财务指标。希夫和霍夫曼(Schiff & Hoffman,1996)的研究直接针对经营者如何使用财务指标和非财务指标进行业绩评价,其研究结果表明,经营者倾向于使用财务指标进行部门或单位的业绩评价,使用非财务指标对下级经理人员进行评价。也就是说,在评价单位业绩时评价者倾向于使用财务指标,而在评价个体业绩时评价者倾向于使用非财务指标。由于非财务指标在业绩评价中的重要性不断提高,越来越多的研究开始关注非财务业绩指标与企业整体业绩之间的关系,因此,财务业绩指标是否仍然受到评价主体的偏好有待进一步的研究和论证。

(3) 客观指标与主观指标。

组织心理学研究一直强调业绩评价指标的可靠性(Bellows,1954;Blum & Naylor,1968),由于主观、定性的业绩指标受评价者能力和偏见的影响,因此不够准确和可靠。为此,管理心理学建议在评价系统中应给定量的客观指标更多的权重,并以相对业绩指标作为评价的标准(Feldman,1981;Heneman,1968;Campbell,1990)。

(4) 共同指标与独特指标。

理论界认为,由于判断效应(judgmental effects)的存在,评价主体在评价过程中，对共同指标与特殊指标进行选择时会产生"共同指标谬误"（common measures bias），这是主观业绩评价的一个负面结果。

判断效应，根据心理学和对消费者行为的研究结果，就是指当决策者面对多重特征（multi-attribute）的判断任务时，决策者会同时使用在所有选择中都包含的共同指标和每一个选择中所包含的独特指标来进行判断决策，但是在判断中会更加重视前者，即更加重视在所有选择中都适用的共同指标（Kivetz & Simonson，2000；Markman & Medin，1995；Slovic & MacPhillamy，1974；Zhang & Markman，1998，2001）。判断效应的存在，使管理层在评价下属单位业绩时可能会轻视甚至完全忽略对下属单位独特指标的评价，而这种忽略会影响综合业绩评价系统理应获得的潜在效果，因为这类独特指标通常对描述并实现经济单位的战略和目标是非常重要的。

有研究表明，上级（评价者）对下属进行业绩评价时，倾向于只强调共同指标，给予共同指标较高的权重，而其他同样蕴含重要评价信息、反映业务单位战略的独特指标常常被忽略。利普和萨尔特里奥（Lipe & Salterio，2000）通过实验研究发现，虽然平衡计分卡既包含普遍适用于所有单位的共同指标，同时也包括反映不同下属单位特性的特殊指标，但上级在对下属单位进行业绩评价时仅仅使用共同指标，独特指标对评价结果没有任何影响。班克等（2004）的研究得到了与此相同的结果。伊特纳等（2003）在深入分析国际财务公司 GFS 平衡计分卡制度的基础上，采用实地研究法揭示了主观业绩评价可能导致的负面后果，在赋予上级经理更大的主观评价权限来实施对中层经理的奖惩之后，GFS 公司三年的实践结果表明：①上级经理赋予财务指标很大的权重；②实际业绩评价所依赖的指标并不是合约规定的平衡计分卡指标；③业绩评价标准经常发生变化。在中层经理人员看来，新制度的引入不仅没有实现预期的目标，反而导致了偏袒。伊特纳等（2003）的实地研究结论认为，相对于经济学理论，组织心理学理论对管理者主观业绩评价行为的解释力更强。前期的研究发现，导致"共同指标谬误"的原因可能是管理者缺乏运用平衡计分卡的经验和技能，因此，迪拉和斯坦巴特（Dilla & Steinbart, 2005）运用实验研究的方法进一步调查，如果管理者已经经过培训，熟练掌握了设计和应用平衡计分卡的技能，"共同指标谬误"是否仍然存在。实验结果表明，评价者在业绩评价和奖金分配时依然存在"共同指标谬误"。

西方基于理论和经验研究的成果提供了管理层在业绩评价和激励过程中可能存在的业绩指标判断和选择上的行为倾向。对于我国企业管理层的业绩评价实践而言，这种行为倾向仍然只是一种可能的探索性研究，实际的状况如何，需要通过具体的调查数据或实验研究加以证实。本书认为，在我国，将此类探索性研究切实展开并深入下去具有非常重要的实践意义，因为管理层判断和选择上的行为倾向，可能导致业绩评价结果的偏差，从而影响业绩评价系统的整体实施效果。

6.3.3.2 多样性指标与管理层的业绩评价偏见（performance evaluation bias）

根据"信息原则"（Holmstrom, 1979），凡能够提供有关代理人努力水平额外信息的（无成本）业绩评价指标都应该包含在激励计划中。由于不存在包含完全信息的、单一的业绩评价指标，多样性的评价指标体系便随着对财务业绩指标的批评而逐渐建立起来。然而，对于多样性的评价指标在应用中可能对评价者的评价行为产生怎样的行为影响这一问题，理论研究仍然缺乏足够的经验证据。伊特纳和拉克尔（1998）的调查研究结果表明，38%的被调查者承认，为平衡计分卡中不同的业绩指标赋权是一个难题。另外，伊特纳、拉克尔和迈耶（2003）以及利普和萨尔特里奥（2000）也通过研究发现，当采用多样性的业绩指标进行评价时，评价主体需要在不同指标间进行重要性的判断，在指标选择上，评价者更倾向于使用客观和通用的业绩指标。也就是说，评价指标多样性要求评价主体进行主观业绩评价，主观业绩评价赋予管理层一定的自由决断权，允许其在多样的财务指标和非财务指标、动因指标和结果指标、客观指标和主观指标、共同指标和独特指标之间进行选择，管理层的认知局限和感情偏好、主观业绩评价中的判断和选择行为可能会导致管理层评价行为的"偏好主义",即由于管理者认知偏差或感情因素等的影响而对下级作出普遍偏高的评价,或滥用权力奖励自己喜欢的下级,而不考虑被评价者的真实业绩。①管理层的评价"偏好主义"将导致对下属评价的信息偏差,从而影响主观业绩评价的准确性。

根据默尔斯(2005)的研究,这种评价偏见可能表现为:①对下属业绩评级时,为下属评定的业绩等级偏高,称为仁慈的业绩评级(lenient performance ratings);②评价的结果使多数员工的业绩等级都集中在某一层级,从而使某一业绩等级过宽,即过宽的业绩评价(compressed performance ratings)。布雷茨等(Bretz et al., 1992)在综合分析多项数据资料的基础上,也得出了主观业绩评价容易造成评价偏差的结论:尽管企业通常采用五级业绩评价法(即将员工业绩划分为5个等级,如卓越、优秀、良好、一般、需改善),但实际的评价结果往往只使用了三个等级,而且60%~70%的员工属于最高的两个等级。虽然多数企业在对员工进行级别评定时,规定了每个级别的人数比例,但由于主观评价仍然存在,评价者的评价偏好仍然存在,因此,评价偏见仍然不可避免。与管理者评价偏好相伴随而来的是"公平"问题。特朗布莱和鲁塞尔(2001)的研究显示,员工不仅关心自己获得的报酬奖励的绝对数额,更关心决定自己所得奖励的过程是否公平。在主观业绩评价过程中,评价者和被评价者双方常常对业绩结果并未达成共识,被评价者对究竟是何种行为决定了最终的业绩结果并不是非常清晰,这使得员工难以准确地判定自己是否受到了公正的评价。由此,员工可能会产生不公平感,而最终可能导致很高的人事变动成本和人力资本损失。

管理层之所以会产生评价偏好,根据委托—代理理论的解释,是因为管理层不拥有企业的剩余索取权。已有的心理学研究指出,当业绩评级用

---

① 在本书所述的实地调查研究中,这种评价的"偏好主义"在基层员工中的感知程度较高。对与奖励或升职有关的业绩评价指标进行选择时,有被调查者表示,在客观业绩指标的基础上,业绩评价的最终结果主要取决于上级领导的主观评价,而上级在主观评价中表现出"偏好主义",且员工对具体的主观判断、评价标准并不明确。

于管理目的（如奖金支付、晋升决策）时，管理层对下属的业绩评级较为"仁慈"（Jawahar & Williams，1997），而且对员工级别的区分程度不充分，这会导致业绩评级过宽（Milkovich & Newman，1993）。由评价偏好引起的业绩评价偏见会为企业带来直接成本和间接成本。直接成本是由于评价仁慈和评价过宽而支付的高于员工真实业绩的报酬成本；而间接成本则与企业的决策和激励有关。评价偏见使基于业绩评级的重大人事决策难以作出，由于所有员工的业绩都高于平均业绩标准，管理者很难依据业绩评价的结果，选择"合适"的人从事"合适"的工作，业绩评价的区分功能丧失。此外，当员工意识到这种评价偏见存在时，业绩评价的激励功能减弱，员工会在未来付出较少的努力。由此看来，评价偏见产生的间接成本要远大于其直接成本，在包含多样性指标的激励机制设计中，评价偏见问题不容忽视。

6.4 探索性研究展望

斯卡彭斯（Scapens，1999）指出，"我们不应该把不同的研究方法和方法论视为相互冲突的以及基本上不可通约的，通过研究应为许多管理会计问题提供深入的认识。这种研究有可能将管理会计的范围从一个狭窄的微观经济方法拓展到一个视野更广泛的方法"。对业绩评价的行为影响和行为后果研究正体现了这种"视野广泛"的跨学科研究思路。

20世纪90年代以来，新管理工具的不断涌现，使基于实务的研究和探讨成为管理会计研究的主流方向，无论是经济学还是组织行为学或是社会学都在寻求对管理会计实务的解释，特别是试图评价卡普兰和诺顿对管理会计实务批评的有效性。从管理心理学对人以及人的行为方式的研究出发，行为会计研究考察业绩评价系统对不同层次主体的行为影响以及行为影响可能产生的行为后果，这一研究在我国仍然属于探索性研究的范畴。相对于对西方先进业绩评价系统和方法的介绍，我国对业绩评价后果研究的重视程度有些不足，研究的理论成果较少，当然这与我国管理会计研究的发展现状有关。但是，在管理技术不断更新、管理工具不断创新的背景之下，这些不断推陈出新的新理论、新方法是否切实地对企业管理实践产生了积极影响，是比技术引进更为重要、更具有现实意义的问题。或者说，对理论创新过程的研究应当与对理论创新后果的研究同步进行，如果不能同步，至少不应滞后太多。

理论研究中，与业绩评价（非财务业绩指标选择、使用）的作用或绩效后果有关的研究逐渐受到研究者的重视（胡奕明，2001；黄辉，2001；王颖，2005；潘飞，2005；陈华敏，2006）。但现有研究一般是针对企业整体业绩展开的。业绩评价系统/非财务业绩指标与企业会计/市场/经济业绩之间的关系，在很大程度上受多种权变因素的影响。已有的研究成果表明，业绩评价系统/非财务指标的使用与组织业绩之间的关系往往是不确定的。其中一个重要的原因是忽略了业绩评价系统对组织内人的行为产生的影响，而假设业绩评价系统以有利于组织目标实现的方式影响组织内员工的行为这一前提，在实务中未必成立。因此，为了弥补研究中的这种逻辑跳跃，对企业内部业绩评价的行为影响和行为后果进行研究就显得非常必要和重要了。

从研究的方法来看，行为会计研究中使用的实地研究、实验研究、问卷调查等研究方法在我国管理会计研究中的使用并不广泛，可以在本书的探索性研究结论之上进行深入，此外，涉及心理研究的先进统计研究方法也为内部业绩评价的行为影响研究提供了很好的数据处理支持。总之，企业内部业绩评价的行为影响研究在我国具备深入研究的必要性和可行性，具有研究的现实意义。

第 7 章

结束语

本章基于理论、实证、探索性研究的主要结论对全文进行归纳总结，阐明研究中证实的主要观点以及研究过程中存在的理论或方法上的局限，最后对企业内部业绩评价行为影响研究的未来方向进行展望，以期对我国行为会计研究范式的成熟和发展提供有益的探索和借鉴。

7.1 主要结论

本书沿着"理论基础构建→经验实证分析→探索性研究"的思路，展开分析和布局，其研究结论主要体现为以下三个方面。

7.1.1 理论研究方面

业绩评价是成熟市场经济国家管理和评价企业的主要方法之一。20世纪90年代以后，随着基于实务的管理技术和管理方法的不断推陈出新，业绩评价理论和实践随之迅速发展，与之相应的业绩评价理论研究也在不断深入和完善。本书在中西方已有研究成果的基础上，界定了企业内部业绩评价的行为内涵、梳理了企业内部业绩评价的发展和研究特征,建立了业绩评价行为影响研究的理论基础和基本理论框架。理论研究的主要结论如下。

(1)"业绩"的概念界定。业绩(performance)是一个基本概念,从字源学、不同学术传统以及不同阐释者对业绩所赋予的不同问题意识考察,业绩的定义有"行为"和"结果"两种导向。本书认为,业绩是对业绩主体当前行为过程和/或过去行为结果的量化,表现为业绩主体当前和/或过去行为的效率和/或效果。业绩概念中表现出的要素特征为:①主体性(行为性);②目标性(承诺性);③可度量性;④历史性。

(2)企业内部业绩评价的行为内涵。本书先提出了业绩评价的一般性行为定义,即业绩评价是一种企业相关行为,是与企业相关的业绩评价主体对业绩评价客体(即业绩主体)过去行为的效率和/或效果进行量化及综合的价值判断,并在此基础上通过决策对业绩评价客体行为实施影响的过程。定义中强调对企业行为的量化,同时兼顾价值判断,将业绩评价行为在测量和判断两个层面上展开,并将测量和判断两个环节统一于目标,量化和判断相辅相成,不能偏废。业绩及业绩评价只有在特定的决策背景下,与特定的决策制定者相关才有意义。在业绩评价一般性行为定义的基础上,本书进一步提出了企业内部业绩评价的行为内涵:企业内部业绩评价是一种企业内部的管理决策行为,是企业内部业绩评价主体对内部业绩评价客体(即业绩主体)过去行为的效率和/或效果进行量化及综合的价值判断,并在此基础上通过管理决策对业绩评价客体行为实施影响,从而引导业绩主体实现企业目标的行为过程。

(3)个人业绩、过程业绩与组织业绩。组织都是由作为个体的人和正式的组织结构这两个基本的部分组成(阿基里斯,2007)。个人业绩是实现组织目标的基本要素,"过程"在很大程度上体现着组织结构的复杂性。组织作为一个整体,其业绩一方面以个人业绩为基础,另一方面又并非个人业绩的简单相加,而是受制于组织的复杂性,即过程业绩。组织业绩是一个基于组织结构复杂性的个人业绩的整合性结果。业绩的主体性、承诺性、可测量性、历史性等要素特征因组织业绩本身所内含的结构复杂性而变得更加难以测量。

（4）企业内部业绩评价的发展特征和理论研究特征。以评价主体不同的评价目的为前提，以业绩评价指标的发展变化为依据，本书区分了业绩评价的不同发展阶段：单一评价主体的成本指标阶段、二元评价主体的财务指标阶段和多元评价主体的战略综合指标阶段。业绩评价的发展历程表明，业绩评价是一种变动不居的多层次主体行为。环境变迁是推动业绩评价理论发展和实践创新的根本动力；企业理论、管理理论的发展促成了多层次业绩评价主体的形成，而多层次评价主体评价目的的异质性，又直接决定了内、外部业绩评价主体在评价内容上的差异。为了平衡企业各方利益相关者的不同需求，实现企业价值最大化目标，一种具有综合性、战略性、系统性特征的业绩评价模式被不断创新和发展起来。与此相对应，理论研究中表现出对企业内部业绩评价系统整体构建研究的偏重。对外部业绩评价、企业整体业绩评价的研究是当前业绩评价研究中的主流，其研究方法是基于整体的"自上而下"的构建研究，而对基于主体的"自下而上"的系统影响和后果研究的重视程度不够，为企业内部业绩评价提出了进一步的研究方向。

（5）建立了企业内部业绩评价行为影响的理论基础和基本理论框架。将企业内部业绩评价的传统理论基础与行为分析理论基础以企业内部业绩评价系统为媒介进行整合，本书建立了内部业绩评价行为影响研究的理论基础框架。其中，传统理论基础包括委托—代理理论、利益相关者理论、预算理论和激励理论等，行为分析理论包括关于人的假设及行为方式理论、动机计算理论和角色理论。

在基础理论框架内，本书进一步构建了行为影响研究的基本理论框架。以企业内部业绩评价的行为过程模型为基础，确定了业绩评价行为影响因素的系统观和指标观，建立了行为影响路径，并最终确立了两种行为影响模式，用以指导后续的实证和探索性研究。

7.1.2 实证研究方面

我国对企业内部业绩评价问题的研究，仍然以引进和介绍西方先进的评价理论和评价技术为主。西方对综合业绩评价系统与企业业绩之间相关关系不确定性的实证研究结论，为我国企业内部业绩评价系统的构建研究提出了警示。为此，本书基于企业员工的激励计划，针对激励计划中的评价多样性对企业内基层员工可能产生的行为影响进行了实证研究。研究中确定了以"评价多样性"为行为影响变量，以"角色冲突和角色模糊"为行为反应变量，以"个人业绩"和"工作满意"为结果变量，以"价值承诺"为人格调节变量的理论研究模型，通过结构方程模型的验证，得出的主要研究结论如下。

（1）激励计划中的评价多样性对员工感受到的角色模糊水平具有直接的正影响。

（2）员工感受到的角色模糊水平对个人业绩具有直接的负影响。

（3）个人业绩对员工的工作满意度具有直接的正影响。

（4）具有较高（低）价值承诺水平的员工，对多样性的激励计划作出行为反应时，经历较低（高）的角色冲突。

（5）具有较高（低）价值承诺水平的员工，对多样性的激励计划作出行为反应时，经历较低（高）的角色模糊。

（6）在基层员工层次，激励计划中的评价多样性与员工感受到的角色冲突水平之间的正向影响关系假设未通过验证，角色冲突与个人业绩之间的反向影响关系假设未通过验证。这一实证研究的结果可能是评价多样性变量测量方法上的缺陷导致的。但是对于基层员工而言，由于其作业任务的结构性较高，需要应对的不确定性程度较低，这种影响关系不成立的结论也具有一定的理论可能性。

7.1.3 探索性研究方面

基于实证研究结论的探索性研究，以管理层为研究对象，管理层的双重主体地位，使企业内部业绩评价系统的行为影响研究更加复杂。根据管理层不同的主体地位（业绩主体和评价主体），运用企业内部业绩评价的系统影响模式，探索性研究得出了如下两个方面的结论。

（1）管理层作为业绩主体。与基层员工不同，管理层履行的管理控制职能对综合业绩信息提出了更高的要求。根据信息原则，多样性的评价指标提供了与组织运行重要方面相关的广泛的指标集合；将业绩评价指标与组织战略和有价值的组织结果综合；将不同职能部门和价值链的业绩评价指标进行整合。因此，针对管理层作为业绩主体（评价客体）的探索性研究的结论为：综合业绩评价系统正向影响管理层的角色清晰水平，角色清晰正向影响管理业绩。

（2）管理层作为评价主体。面对多样性的业绩评价指标体系，作为评价主体的管理层在选择评价指标和为指标赋权的过程中，受其自身认知能力、决策能力、情感偏好等多方面心理和认知因素的影响。在指标选择和判断的过程中，管理层倾向于使用结果指标、财务指标、客观指标和共同指标。在主观业绩评价的过程中，管理层的评价"偏好主义"会导致对下属评价的信息偏差，从而影响主观业绩评价的准确性。

7.2 研究的局限性

相对于企业外部业绩评价研究而言，企业内部业绩评价研究在我国理论研究中受到的重视程度不够，行为影响研究的成果比较匮乏。由于本书在研究主题和研究方法上都进行了一定的创新，这种创新同时也意味着需要对理论基础选择的进一步证实和对研究方法使用的进一步完善。

从理论基础来说，作为行为影响研究的分析理论，其核心的角色理论在西方会计研究中的使用比较普遍，形成了较为成熟的测量量表，但是在我国的会计研究中，这种成熟量表的可靠性和有效性还有待经验研究的进一步验证，与业绩评价研究的传统理论基础相比，业绩评价的行为分析理论本身还有进一步完善的空间。

从研究方法来说，行为影响研究涉及大量难以直接观察和测量的潜变量，为此，本书使用了心理学、社会学和行为学研究中常用的结构方程模型方法进行行为影响模型的构建、检验和修正。这种研究方法在会计学研究中的使用初见端倪。其中，对潜变量的测量多依赖于问卷调查形式的测量量表，由于对问卷调查研究方法本身还存在诸多批评的声音，再加上测量量表设计的合理性和有效性问题也常常受到研究者的质疑。因此，在我国的文化和制度背景下，使用结构方程模型的方法进行实证研究还需要理论和实务研究环境的进一步发展，以提高问卷结果和测量结果的准确性。此外，本书的研究样本以国有、制造企业的基层员工为主，样本的选择具有一定的行业局限性，可以在未来的研究中进一步扩大研究样本的数量和分布。

研究中还存在一些具体问题上的局限。例如，对评价多样性变量的测量需要进一步设计完善，对管理层的行为影响研究需要展开具体的实证经验检验等。

7.3 未来的研究方向

对企业内部业绩评价实施的行为后果和经济后果进行研究这一课题在我国理论研究中尚不成熟。从发展方向上来看，在我国进行以企业内部业绩评价为对象的后果研究主要有两个代表性的方向：一个是研究企业内部业绩评价系统或非财务业绩指标的使用与企业整体业绩之间的影响关系，这一主题的研究已经在一定范围内展开；另一个是研究企业内部业绩评价系统对组织内部员工行为产生的影响，在我国，这一主题的相关研究还并不多见。本书的研究基于后一主题的方向展开，从企业内部主体出发，研究业绩评价对组织内不同层级员工可能产生的不同行为反应并进行经验检验。由于本书的实证研究只针对基层员工层次展开，因此，本书探索性研究章节中提出的内部业绩评价对管理层行为影响的相关问题都将成为进一步实证检验的对象，是未来研究方向中重要的组成部分。此外，行为会计研究在本质上是一种跨学科研究，跨学科的最终目的还是要服务于本学科的发展研究需要，从结果上来说，行为影响研究只是内部业绩评价后果研究的一个中间环节，最终要落实到企业整体业绩的层次。因此，以上两个研究方向的融合，即同时检验企业内部业绩评价系统实施对组织内员工产生的行为影响，以及进一步证明该行为反应与企业整体业绩之间的影响关系。这将成为一个非常有价值的研究方向。最后，一个综合的业绩评价系统从设计到实施将是一个费时、费力、成本较高的系统工程，在系统实施之前，根据经验研究得出的实证结论，可以确立评价主体与评价客体基于业绩评价系统的行为影响规则，通过基于多主体的行为仿真研究（如通过 Netlogo 软件进行行为仿真），在计算机上模拟业绩评价系统可能产生的行为影响，观察行为影响的后果，这将为系统的设计、实施提供重要的参考和启示。

附录

企业内部业绩评价的行为影响调查

尊敬的女士/先生：

您好！非常感谢您抽出宝贵的时间协助完成本次问卷调查。

本问卷完全用于"企业内部业绩评价行为影响研究"课题的需要，因此，恳请您如实、准确、完整地回答下列相关问题，您的所有回答及信息将完全保密。

再次感谢您的协助和回答！

本问卷调查分为四部分：

一、基本信息

二、行为影响调查

三、价值承诺调查

四、工作满意度调查

第一部分：基本信息

1. 性别（在符合的选项下写"√"）：

□ 男　□ 女

2. 公司性质（在符合的选项下写"√"）：

□ 国有　□ 民营　□ 外资　□ 合资　□ 其他

3. 公司所属行业（在符合的选项下写"√"）：

□ 制造业　□ 商业　□ 金融业　□ 政府　□ 文教体卫　□ 服务业　□ 建筑业　□ 通信业　□ 其他企业

4. 参加工作年限（在符合的选项下写"√"）：

□ 1年以下　□ 1年　□ 2年　□ 3年　□ 4年　□ 5年　□ 6年　□ 7年　□ 8年　□ 9年　□ 10年　□ 10年以上

5. 在本企业工作年限（在符合的选项下写"√"）：

□1年以下　□1年　□2年　□3年　□4年　□5年　□6年
□7年　□8年　□9年　□10年　□10年以上

6. 工作级别（职务）（在符合的选项下写"√"）：

□总经理　□副总经理　□总经理助理　□部门经理　□部门内基层负责人　□基层职员　□其他

7. 所在部门（请填写）：_____

8. 公司对您工作的哪些方面（业绩评价指标）进行评价、考核，请在相应的指标后写"√"，并填写该指标在考核中所占比重，以及各指标完成情况的综合得分：

序号	业绩评价指标	使用写"√"	所占比重%	评价指标与工资奖金挂钩写"√"	评价与升职有关写"√"	自评得分（满分10分）	公司评分（满分10分）
1	工作时间或数量						
2	计划/定额完成情况						
3	工作完成质量						
4	消耗成本或费用						
5	工作态度和纪律						
6	合作与团队精神						
7	创新能力或成果						
8	安全指标						
9	生产效率指标						
10	收入指标						
11	利润指标						
12	净资产收益率						
13	现金流量指标						
14	应收账款周转率						
15	存货周转率						
16	市场占有率						
17	客户满意指标						

续表

序号	业绩评价指标	使用写"√"	所占比重%	评价指标与工资奖金挂钩写"√"	评价与升职有关写"√"	自评得分（满分10分）	公司评分（满分10分）
18	环保指标						
19	科研开发指标						
20	其他						

第二部分：行为反应调查

根据您日常工作实际情况，在您认为最符合的答案上写"√"（以下题目请您全部作答）

题号	问题	完全不符合	不符合	有些不符合	一般	有些符合	符合	完全符合
1	我有充足的时间完成自己的工作							
2	我知道自己的职权有多大							
3	我从事的工作太简单或太无聊							
4	我的工作有清晰、有计划的目标							
5	我不得不做（与我的想法）不同的事情							
6	我缺少政策指南和引导							
7	不管我在哪一个团队中工作，我的行为都能够始终如一							
8	我完全出乎预料地受到奖励或惩罚							
9	我在不一致的政策和指导下工作							
10	我合理地分配了时间							
11	我没有足够的人力去完成所接受的工作							
12	我清楚自己的职责							
13	为了完成某项任务，我不得不违反某项规定或政策							
14	履行职责时，我不得不"摸着石头过河"							
15	我所接受的培训和所具备的能力足以胜任所接受的任务							

续表

题号	问题	完全不符合	不符合	有些不符合	一般	有些符合	符合	完全符合
16	我知道怎样的表现可以被加薪或升职							
17	我从事的工作量适度							
18	我合理地分配了时间							
19	我需要和两个或两个以上职能完全不同的团队一起工作							
20	我很确定对自己的期望是什么							
21	我接到两个或多个上级不一致的工作要求							
22	我不确定自己工作的关联性							
23	我做的工作容易被一个人认可，但是却不为他人所接受							
24	企业对我的工作质量（效果）进行通知或反馈							
25	我接受了一项任务，但是却没有足够的资源和原材料去执行该任务							
26	对要做的工作有清楚的解释							
27	我从事的工作没有必要							
28	我不得不在含糊的指示和命令下工作							
29	我所从事的工作符合我的价值观							
30	我不知道自己的工作是否能被上级认可							

第三部分：价值承诺调查

在您认为最符合的答案上写"√"（以下题目请您全部作答）

题号	问题	完全不符合	不符合	有些不符合	一般	有些符合	符合	完全符合
1	对我来说，目前的公司是最好的工作单位之一							
2	我很骄傲地告诉别人我是该公司的一员							

续表

题号	问题	完全不符合	不符合	有些不符合	一般	有些符合	符合	完全符合
3	一般情况下，我赞同公司关于重大人事问题的政策							
4	我愿意付出超过正常期望水平的更多努力来实现组织成功							
5	我把本公司作为一个很好的工作单位推荐给自己的朋友							
6	我发现自己的价值观和公司的价值观相似							
7	我很高兴自己在曾经考虑过的公司中选择了现在的企业							
8	这家公司在工作业绩方面极大地鼓舞了我							

第四部分：工作满意度调查

在您认为最符合的答案上写"√"（以下题目请您全部作答）

题号	我觉得自己当前的工作：	非常不满意	不满意	不确定	满意	非常满意
1	能一直让我保持忙碌的状态					
2	有单独工作的机会					
3	有机会时常做些不同的事情					
4	有在团队中成为重要人物的机会					
5	我的老板对待员工的方式					
6	我的监督者的决策能力					
7	能做不违背良心的事情					
8	我的工作提供稳定雇佣关系的方式					
9	为其他人做事的机会					
10	有吩咐他人做事的机会					
11	有机会发挥自己的能力做些事情					
12	公司政策实行的方式					

续表

题号	我觉得自己当前的工作：	非常不满意	不满意	不确定	满意	非常满意
13	我的工作量和薪酬					
14	通过这份工作进步的机会					
15	自行判断的自由					
16	尝试用自己的方法进行工作的机会					
17	工作条件					
18	同事之间彼此相处的方式					
19	出色完成工作受到的称赞					
20	我从工作中获得的成就感					

主要参考文献

[1] 安迪·尼利,克里斯·亚当斯,迈克·肯尼尔利. 战略绩效管理——超越平衡计分卡 [M]. 李剑锋等,译. 北京:电子工业出版社,2004.

[2] 鲍勃·瑞安,罗伯特·W. 斯卡彭斯,迈克尔·西奥博尔德. 财务与会计研究方法与方法论 [M]. 2版. 阎达五,戴德明,何广涛,等译. 北京:机械工业出版社,2004.

[3] 陈共荣,孙佐清,周鸿. 行为观:企业业绩评价的一个新视角 [J]. 湖南财经高等专科学校学报,2004 (3):39-41.

[4] 陈共荣,曾峻. 企业绩效评价主体的演进及其对绩效评价的影响 [J]. 会计研究,2005 (4):65-68.

[5] 陈虹. 国内企业绩效管理现状调查 [J]. 中国人力资源开发,2003 (11):56-59.

[6] 陈华敏. 非财务指标的绩效后果研究 [D]. 厦门:厦门大学,2006.

[7] 陈维义. 基于多重委托代理关系的企业职工参与管理研究 [D]. 沈阳:东北大学,2005.

[8] 池国华. 内部管理业绩评价系统设计研究 [M]. 大连:东北财经大学出版社,2005:7-14.

[9] 崔九九,刘俊勇. 董事会连通性与高管薪酬有效性——来自相对业绩评价的经验证据 [J]. 山西财经大学学报,2022 (3):100-113.

[10] 邓传洲,刘峻勇,赵春光. 基于预算的考核,预算氛围和预算副效应 [J]. 会计研究,2008 (4):70-77.

［11］杜胜利．企业经营业绩评价［M］．北京：经济科学出版社，1999：215-216．

［12］风笑天．方法论背景中的问卷调查法［J］．社会学研究，1994（3）：13-18．

［13］冯丽霞．企业财务分析与业绩评价［M］．长沙：湖南人民出版社，2002．

［14］冯平．评价论［M］．北京：东方出版社，1995：2-4，31，74．

［15］高晨．主观业绩评价研究：述评与启示［J］．会计研究，2008（4）：84-88．

［16］葛家澍，刘峰．会计大典——会计理论卷［M］．北京：中国财政经济出版社，1999：26．

［17］宫义飞，谢元芳，吴国灿．多业务单元业绩评价中公司高管认知偏差研究——BSC实验研究的证据［J］．经济管理，2016（2）：189-199．

［18］韩永斌．行为会计研究范式的兴起与演进［J］．财会通讯，2005（7）：75-78．

［19］何大安．选择行为的理性与非理性融合［M］．上海：上海三联书店，上海人民出版社，2006：15．

［20］贺卫．试论市场经济中的人性——经济人的假设［J］．经济研究，1997（8）：36-39．

［21］侯杰泰，温忠麟，成子娟．结构方程模型及其应用［M］．北京：教育科学出版社，2004．

［22］胡奕明．非财务指标的选择——价值相关分析［J］．财经研究，2001（5）：44-49．

［23］黄辉．浅论企业业绩评价的非财务指标设置［J］．国有资产管理，2001（7）：46-48．

［24］黄再胜．企业主观业绩评价理论述评——一种激励的观点［J］．当代财经，2005（3）：81-84．

［25］黄祖辉，胡豹．经济学的新分支：行为经济学研究综述［J］．

浙江社会科学,2003(2):72-79.

[26] 蒋小敏.基于权变理论视角的非财务指标选择[J].财会通讯,2014(7):28-30.

[27] 蒋琰,茅宁.智力资本与财务资本:谁对企业价值创造更有效——来自于江浙地区企业的实证研究[J].会计研究,2008(7):49-55.

[28] 克里斯·阿吉里斯.个性与组织[M].郭旭力,鲜红霞,译.北京:中国人民大学出版社,2007.

[29] 黎春,李子杨.相对业绩评价对平衡计分卡有效性的影响——一项实验研究[J].财经科学,2017(6):94-103.

[30] 李爱梅.心理账户与非理性经济决策行为的实证研究[D].广州:暨南大学,2005.

[31] 李磊,马华维.管理心理学[M].天津:南开大学出版社,2006.

[32] 李玲玲.企业业绩评价——方法与运用[M].北京:清华大学出版社,2004.

[33] 李孟阳,郭朝阳.非财务指标在企业业绩评价体系中的应用[J].财会通讯,2017(17):62-65.

[34] 李苹莉,宁超.关于经营者业绩评价的思考[J].会计研究,2000(5):22-27.

[35] 李晓梅.企业战略业绩评价研究[M].北京:中国财政经济出版社,2008.

[36] 廖冠民,王家晶.会计信息可比性与相对业绩评价使用——基于股权激励契约的实证检验[J].中央财经大学学报,2024(5):72-86.

[37] 林震岩.多变量分析——SPSS的操作与应用[M].北京:北京大学出版社,2007.

[38] 娄祝坤,毛瑾晔.创新型企业业绩评价系统设计:理论框架[J].财会月刊,2023(3):24-31.

[39] 娄祝坤,张川,刘雅欣.从"知之者"到"乐之者":非任务绩效评价对员工自主动机的激励效应研究[J].会计研究,2023(7):

118-131.

[40] 陆庆平,刘志辉. 企业内部绩效评价控制系统的建立研究 [J]. 会计研究,2003 (12):45-48.

[41] 陆庆平. 企业绩效评价论——基于利益相关者视角的研究 [M]. 北京:中国财政经济出版社,2006.

[42] 罗伯特·A. 安东尼,维杰伊·戈文达拉扬. 管理控制系统 [M]. 12版. 刘霄仑,朱晓辉,译. 北京:机械工业出版社,2004.

[43] 罗伯特·西蒙斯. 控制 [M]. 鲜红霞,郭旭力,译. 北京:机械工业出版社,2004.

[44] 马涛. 行为经济学对传统主流经济学的挑战 [J]. 社会科学,2004 (7):18-26.

[45] 马歇尔·W. 迈耶. 绩效测量反思——超越平衡计分卡 [M]. 姜文波,译. 北京:机械工业出版社,2005.

[46] 孟建民. 中国企业效绩评价 [M]. 北京:中国财政经济出版社,2002.

[47] 潘飞,张川. 非财务指标与企业财务业绩相关吗?——一项基于客户满意度的实证研究 [C]. 北京:中国会计学会,2005.

[48] 企业效绩评价工作指南 [M]. 北京:经济科学出版社,2002.

[49] 企业效绩评价问答 [M]. 北京:经济科学出版社,1999.

[50] 任书娟. 基于三重底线理论的企业综合业绩评价体系构建 [J]. 财会通讯,2019 (26):59-61.

[51] 斯蒂芬·P. 罗宾斯,替莫西·A. 贾奇. 组织行为学精要 [M]. 12版. 郑晓明,译. 北京:机械工业出版社,2003.

[52] 斯蒂芬·P. 罗宾斯. 组织行为学 [M]. 10版. 孙健敏,李原,译. 北京:中国人民大学出版社,2005.

[53] 孙绍荣,宗利永,鲁虹. 理性行为与非理性行为——从诺贝尔经济学奖获奖理论看行为管理研究的进展 [M]. 上海:上海财经大学出版社,2007.

[54] 孙永风，李垣. 企业绩效评价的理论综述及存在的问题分析 [J]. 预测，2004（2）：41-47.

[55] 唐亚军，汪丽，孙健. 综合业绩评价系统，角色清晰与管理者业绩——基于中层管理者的问卷研究 [J]. 会计与经济研究，2015（4）：33-51.

[56] 汪丁丁. 经济学视角下的行为与意义 [J]. 学术月刊，2003（10）：94-102.

[57] 汪丁丁. 经济学思想史讲义 [M]. 上海：上海人民出版社，2008.

[58] 王斌，汪丽霞. 董事会业绩评价研究 [J]. 会计研究，2005（2）：46-52.

[59] 王华兵. 非财务指标融入激励契约设计研究文献综述 [J]. 财会通讯，2013（9）：96-100+129.

[60] 王化成. 企业业绩评价 [M]. 北京：中国人民大学出版社，2004.

[61] 王蕾，池国华. 业绩评价系统设计框架的演变及应用 [J]. 财务与会计，2015（8）：16-18.

[62] 王颖. 基于价值链的企业业绩评价非财务指标选择研究 [D]. 南京：河海大学，2005.

[63] 温忠麟，侯杰泰，马什赫伯特. 结构方程模型检验：拟合指数与卡方准则 [J]. 心理学报，2004（2）：186-194.

[64] 徐传湛，张万成. "经济人"假设的发展 [J]. 当代经济研究，2004（2）：27-31.

[65] 徐兆铭. 企业绩效与激励机制：战略的观点 [M]. 北京：中国税务出版社，2006.

[66] 薛求知，黄佩燕，鲁直，等. 行为经济学——理论与应用 [M]. 上海：复旦大学出版社，2003.

[67] 杨海峰. 论会计研究中的问卷调查法 [J]. 会计论坛，2004（2）：101-110.

[68] 叶陈毅，管晓，杨蕾，等. 医药制造业上市公司综合业绩评价

研究——基于因子分析与聚类分析 [J]. 财会通讯, 2021 (12): 127 - 130 + 163.

[69] 袁光华. 绩效考核指标的选取与组织目标一致性的实现 [D]. 北京: 清华大学, 2005.

[70] 张朝宓, 葛燕, 张宇. 组织内部业绩评价的行为后果研究. 公司财务研讨会论文集 [C]. 上海: 上海财经大学会计与财务研究院, 2004.

[71] 张辉华. 管理者的情绪智才及其与工作绩效的关系研究 [D]. 广州: 暨南大学, 2006.

[72] 张蕊. 企业战略经营业绩评价指标体系研究 [M]. 北京: 中国财政经济出版社, 2002.

[73] 张先治. 内部管理控制论 [M]. 北京: 中国财政经济出版社, 2004.

[74] 张学军. 结构方程建模应用中的十大问题 [J]. 统计与决策, 2007 (5): 130 - 132.

[75] 张勇. 公司经营者代理行为的研究 [D]. 成都: 西南交通大学, 2005.

[76] 赵红. 基于利益相关者理论的企业效绩评价指标体系研究 [M]. 北京: 经济科学出版社, 2004.

[77] 赵玉洁, 王平心. 企业经营者界定论 [J]. 学术界, 2008 (1): 194 - 198.

[78] 周长青. 当代公司业绩评价体系创新的若干问题研究 [D]. 厦门: 厦门大学, 2001.

[79] 周仁俊, 喻天舒, 杨战兵. 公司治理激励机制与业绩评价 [J]. 会计研究, 2005 (11): 26 - 31.

[80] 周祖城, 王旭. 企业社会业绩内部评价体系研究 [J]. 管理学报, 2010 (3): 338 - 343.

[81] Akerlof G A. Labor Contracts as Partial Gift Exchange [J]. The Quarterly Journal of Economics, 1982 (4): 543 - 569.

[82] Anthony R N, Govindarajan V. Management Control Systems [M]. New York: McGraw-Hill, 1998.

[83] Argyris C. The Impact of Budgets On People [M]. Ithaca: The Controllership Foundation, Cornell University, School of Business and Public Administration, 1952.

[84] Atkinson A, Epstein M. Measure for measure: realizing the power of the balanced scorecard [J]. CMA Management, 2000 (9): 22 – 28.

[85] Bar-Hayim A, Berman G S. The dimensions of organizational commitment [J]. Journal of Organizational Behavior, 1992 (4): 379 – 387.

[86] Baron J, Hershey J. Outcome bias in decision evaluation [J]. Journal of Personality and Social Psychology, 1988 (4): 569 – 579.

[87] Bernadin H J, Kane J S, Ross S, et al. Performance appraisal design, development, and implementation [C] // Handbook of Human Resource Management. Cambridge: Blackwell, 1995.

[88] Birnberg J G, Shields J F. Three decades of behavioral accounting research: A search for order [J]. Behavioral Research in Accounting, 1989 (1): 23 – 74.

[89] Birnberg J G. The Role of Behavioral Research in Management Accounting Education in the 21st Century [J]. Issues in Accounting Education, 2000 (4): 713 – 727.

[90] Birnberg J, Turopolec L, Young S M. The organizational context of accounting [J]. Accounting, Organizations and Society, 1983 (8): 111 – 129.

[91] Bommer W H, Johnson J L, Rich G A, et al. On the interchangeability of objective and subjective measures of employee performance: A meta-analysis [J]. Personnel Psychology, 1995 (3): 587 – 605.

[92] Bonner S E, Hastie R, Sprinkle G B, Young S M. A Review of the Effects of Financial Incentives on Performance in Laboratory Tasks: Implications for Management Accounting [J]. Journal of Management Accounting Research,

2000 (1): 19 -64.

[93] Bonner S E, Sprinkle G B. The Effects of Monetary Incentives on Effort and Task Performance: Theories, Evidence, and a Framework for Research [J]. Accounting, Organizations and Society, 2002 (27): 303 -345.

[94] Borman W C, Motowidlo S J. Expanding the criterion domain to include elements of contextual performance [C] // Schmitt N, Borman W C (Eds.). Personnel selection in organizations. San Francisco, CA: Jossey Bass, 1993: 71 -98.

[95] Bowen D E, Lawler E E. The empowerment of service workers: what, why, how, and when [J]. Sloan Management Review, 1992 (33): 31 -39.

[96] Brownell P. The role of accounting data in performance evaluation, budgetary participation and organizational effectiveness [J]. Journal of Accounting Research, 1982 (Spring): 12 -27.

[97] Buchanan B. Building organizational commitment: The socialization of managers in work organizations [J]. Administrative Science Quarterly, 1974 (4): 533 -546.

[98] Burney L L, Widener S K. Behavioral Work Outcomes of a Strategic Performance Measurement System-Based Incentive Plan [J]. Behavioral Research in Accounting, 2013 (2): 115 -143.

[99] Burney L, Widener S K. Strategic Performance Measurement Systems, Job-Relevant Information, and Managerial Behavioral Responses—Role Stress and Performance [J]. Behavioral Research in Accounting, 2007 (1): 43 -69.

[100] Butler J K. Value importance as a moderator of the value fulfillment-job satisfaction relationship: Group differences [J]. Journal of Applied Psychology, 1983 (3): 420 -428.

[101] Campbell D, Datar S, Kulp S, Narayanan V G. Testing Strategy

Formulation and Implementation Using Strategically Linked Performance Measures [R]. Harvard Business School Working Paper, 2006.

[102] Campbell J P, McCloy R A, Oppler S H, et al. A theory of performance [M]. San Francisco, CA: Jossey-Bass, 1993.

[103] Campbell J P, McHenry J J, Wise L L. Modeling job performance in population of jobs [J]. Personnel Psychology, 1990 (2): 313 - 575.

[104] Campbell J P. Modeling the performance prediction problem in industrial and organizational psychology [C] // Dunnette M D, Hough L M (Eds.). Handbook of Industrial and Organizational Psychology: Vol. 1, 2nd edition. Palo Alto, CA: Consulting Psychologist Press, 1990: 687 - 732.

[105] Cavalluzzo K S, Ittner C D. Implementing performance measurement innovations: evidence from government [J]. Accounting, Organizations and Society, 2004 (3 - 4): 243 - 267.

[106] Chenhall R H, Brownell P. The effect of participative budgeting on job satisfaction and performance: role ambiguity as an intervening variable [J]. Accounting, Organizations and Society, 1988 (3): 225 - 233.

[107] Chenhall R H. Integrative strategic performance measurement systems, strategic alignment of manufacturing, learning and strategic outcomes: an exploratory study [J]. Accounting, Organizations and Society, 2005 (5): 395 - 422.

[108] Chenhall R H. Management control systems design within its organizational context: findings from contingency-based research and directions for the future [J]. Accounting, Organizations and Society, 2003 (2 - 3): 127 - 168.

[109] Cianci A M, Kaplan S E, Samuels J A. The Moderating Effects of the Incentive System and Performance Measure on Managers' and Their Superiors' Expectations about the Manager's Effort [J]. Behavioral Research in Accounting, 2013 (1): 115 - 134.

[110] Collins F. Managerial accounting systems and organizational control:

a role perspective [J]. Accounting, Organizations and Society, 1982 (2): 107 – 112.

[111] Covaleski M A, Evans J H, Luft J L, Shields M D. Budgeting research: three theoretical perspectives and criteria for selective integration [J]. Journal of Management Accounting Research, 2003 (15): 3 – 49.

[112] Datar S, Kulp S, Lambert R. Balancing Performance Measures [J]. Journal of Accounting Research, 2001 (1): 75 – 92.

[113] Davis J H, Schoorman F D, Donaldson L. Toward a stewardship theory of management [J]. Academy of Management Review, 1997 (1): 20 – 47.

[114] Davis S, Albright T. An Investigation of the Effect of Balanced Scorecard Implementation on Financial Performance [J]. Management Accounting Research, 2004 (2): 135 – 153.

[115] Diilla W N, Seinbart P J. Relative weighting of common and unique balanced scorecard measures by knowledgeable decision makers [J]. Behavioral Research in Accounting, 2005 (17): 43 – 53.

[116] Dunham R B. Relationships of perceived job design to job ability requirements and job value [J]. Journal of Applied Psychology, 1977 (6): 760 – 763.

[117] Ewing D W. Justice on the Job: Resolving Grievances in the Nonunion Workplace [M]. Boston: Harvard Business School Press, 1989.

[118] Feldman J M. Beyond attribution theory: Cognitive processes in performance appraisal [J]. Journal of Applied Psychology, 1981 (2): 127 – 148.

[119] Feltham G A, Xie J. Performance measure congruity and diversity in multi-task principal/agent relations [J]. The Accounting Review, 1994 (3): 429 – 453.

[120] Frederickson J R, Pfeffer S A, Pratt J. Performance evaluation judgments: Effects of prior experience under different performance evaluation schemes and feedback frequencies [J]. Journal of Accounting Research, 1999

(1): 151 – 165.

[121] Freeman R, Dube A. Shared Compensation Systems and Decision Making in the U. S. Job Market [R]. Draft, Harvard University Department of Economics, 2000.

[122] Ghosh D. Alternative measures of managers' performance, controllability and the outcome effect [J]. Behavioral Research in Accounting, 2005 (17): 55 – 70.

[123] Ghosh D, Lusch R F. Outcome effect, controllability and performance evaluation of managers: Some field evidence from multi-outlet businesses [J]. Accounting, Organizations and Society, 2000 (4 – 5): 411 – 425.

[124] Gibbs M, Merchant K A, Van der Stede W A, et al. Determinants and effects of subjectivity in incentives [J]. The Accounting Review, 2004 (2): 409 – 436.

[125] Hall M. The effect of comprehensive performance measurement systems on role clarity, psychological empowerment and managerial performance [J]. Accounting, Organizations and Society, 2008 (2 – 3): 141 – 163.

[126] Harris M M, Bladen A. Wording effect in the measurement of role conflict and role ambiguity: a multitrait-multimethod analysis [J]. Journal of Management, 1994 (4): 887 – 901.

[127] Harrison G L. Reliance on accounting performance measures in superior evaluative style—the influence of national culture and personality [J]. Accounting, Organizations, and Society, 1993 (4): 319 – 339.

[128] Harrison G L. The cross-cultural generalizability of the relation between participation, budgetary emphasis and job-related attitudes [J]. Accounting, Organizations and Society, 1992 (1): 1 – 15.

[129] Hartmann F G H, Maas V S. Why Business Unit Controllers Create Budget Slack: Involvement in Management, Social Pressure, and Machiavellianism [J]. Behavioral Research in Accounting, 2010 (2): 27 – 49.

[130] Hartmann F G. The appropriateness of RAPM: toward the further development of theory [J]. Accounting, Organizations and Society, 2000 (25): 451-482.

[131] Hassan R, Said A B, Wier B. The retention of nonfinancial performance measures in compensation contracts [J]. Journal of Management Accounting Research, 2005 (17): 23-42.

[132] Hauser J R, Siemester D I, Wernerfelt B. Customer satisfaction incentives [J]. Marketing Science, 1994 (4): 327-350.

[133] Hawkins S A, Hastie R. Hindsight: Biased judgment of past events after the outcomes are known [J]. Psychological Bulletin, 1990 (3): 311-327.

[134] Hemmer T. On the design and choice of 'modern' management accounting measures [J]. Journal of Management Accounting Research, 1996 (1): 87-116.

[135] Heneman R L. The relationship between supervisory ratings and results-oriented measures of performance: A meta-analysis [J]. Personnel Psychology, 1986 (4): 811-826.

[136] Henri J-F. Organizational culture and performance measurement systems [J]. Accounting, Organizations and Society, 2006 (1): 77-103.

[137] Holmstrom B. Moral hazard and observability [J]. Bell Journal of Economics, 1979 (1): 74-91.

[138] Hopwood A G. An accounting system and managerial behaviour [M]. London: Saxon House, 1973.

[139] Hopwood A G. An empirical study of the role of accounting data in performance evaluation [J]. Journal of Accounting Research, 1972 (10): 156-182.

[140] Hoque Z, James W. Linking the balanced scorecard measures to size and market factors: Impact on organizational performance [J]. Journal of

Management Accounting Research, 2000 (1): 1-17.

［141］Huang L, Murad Z. Feedback Spillover Effect on Competitiveness Across Unrelated Tasks [J]. Behavioral Research in Accounting, 2020 (1): 69-85.

［142］Hyvoenen J. Strategy, performance measurement techniques and information technology of the firm and their links to organizational performance [J]. Management Accounting Research, 2007 (3): 343-366.

［143］Ilgen N B, Fisher C D, Taylor M S. Consequences of individual feedback on behavior in organizations [J]. Journal of Applied Psychology, 1979 (64): 349-371.

［144］Ittner C D, Larcker D F. Innovations in performance measurement: Trends and research implications [J]. Journal of Management Accounting Research, 1998 (10): 205-238.

［145］Ittner C D, Larcker D F, Meyer M. Subjectivity and the weighting of performance measures: evidence from a balanced scorecard [J]. The Accounting Review, 2003 (78): 725-758.

［146］Ittner C D, Larcker D F, Randall T. Performance implications of strategic measurement in financial services firms [J]. Accounting, Organizations and Society, 2003 (28): 715-741.

［147］Jawahar I M, Williams C R. Where all the children are above average: the performance appraisal purpose effect [J]. Personnel Psychology, 1997 (4): 905-925.

［148］Jensen M, Murphy K. Performance pay and top-management incentives [J]. Journal of Political Economy, 1990 (2): 225-264.

［149］Kahn R L, Wolfe D M, Quinn R P, Snoek J D, Rosenthal R A. Occupational stress: studies in role conflict and ambiguity [M]. New York: Wiley, 1964.

［150］Kaplan R S, Atkinson A. Advanced Management Accounting

[M]. 3rd ed. Upper Saddle River: Prentice Hall, 1998.

[151] Kaplan R S, Norton D P. The Strategy-Focused Organization: How Balanced Scorecard Companies Thrive in the New Business Environment [M]. Boston: Harvard Business School Press, 2001.

[152] Kaplan R S, Norton D P. Translating strategy into action: the balanced scorecard [M]. Boston: Harvard Business School Press, 1996.

[153] Kivetz R, Simonson I. The effects of incomplete information on consumer choice [J]. Journal of Marketing Research, 2000 (37): 427 – 448.

[154] Kramer S, Maas V S. Selective Attention as a Determinant of Escalation Bias in Subjective Performance Evaluation Judgments [J]. Behavioral Research in Accounting, 2020 (1): 87 – 100.

[155] Kruis A M, Sally K, Widener. Managerial Influence in Performance Measurement System Design: A Recipe for Failure? [J]. Behavioral Research in Accounting, 2014 (2): 1 – 34.

[156] Langfield-Smith K. Management Control Systems and Strategy: A Critical Review [J]. Accounting, Organizations and Society, 1997 (2): 207 – 232.

[157] Lau C M, Moser A. Behavioral Effects of Nonfinancial Performance Measures: The Role of Procedural Fairness [J]. Behavioral Research in Accounting, 2008 (2): 55 – 71.

[158] Lau C M, Scully G. The Roles of Organizational Politics and Fairness in the Relationship between Performance Management Systems and Trust [J]. Behavioral Research in Accounting, 2015 (1): 25 – 53.

[159] Lawler E E. The ultimate advantage: creating the high involvement organization [M]. San Francisco: Jossey-Bass, 1992.

[160] Leibenstein H. Allocative efficiency versus 'X-efficiency' [J]. The American Economic Review, 1966 (3): 392 – 415.

[161] Liedtka S L, Church B K, Ray M R. Performance Variability,

Ambiguity Intolerance, and Balanced Scorecard-Based Performance Assessments [J]. Behavioral Research in Accounting, 2008 (2): 73 - 88.

[162] Lipe M G. Analyzing the variance investigation decision: The effects of outcomes, mental accounting, and framing [J]. The Accounting Review, 1993 (4): 748 - 764.

[163] Lipe M, Salterio S. A note on the judgmental effects of the balanced scorecard's information organization [J]. Accounting, Organizations and Society, 2002 (6): 531 - 540.

[164] Lipe M, Salterio S. The balanced scorecard: judgemental effects of common and unique performance measures [J]. The Accounting Review, 2000 (75): 283 - 298.

[165] Lynch R L, Cross K F. Measure Up: Yardsticks for Continuous Improvement [M]. Cambridge: Basil Blackwell, 1992.

[166] Malina M A, Selto F H. Communicating and controlling strategy: an empirical study of the effectiveness of the balanced scorecard [J]. Journal of Management Accounting Research, 2001 (13): 47 - 90.

[167] Marginson D, Ogden S. Coping with ambiguity through the budget: the positive effects of budgetary targets on managers' budgeting behaviours [J]. Accounting, Organizations and Society, 2005 (5): 435 - 456.

[168] Markman A B, Medin D L. Similarity and alignment in choice [J]. Organizational Behavior and Human Decision Processes, 1995 (63): 117 - 130.

[169] Matanovic S, Schmidt M, Wöhrmann A. How Subjective Performance Evaluations of Management Accountants Can be Biased by the News that They Report [J]. Behavioral Research in Accounting, 2022 (2): 83 - 100.

[170] Mayer R C, Schoorman F D. Predicting participation and production outcomes through a two-dimensional model of organizational commitment [J]. Academy of Management Journal, 1992 (3): 671 - 684.

[171] Merchant K A, Van der Stede W A. Field-Based Research in Accounting: Accomplishments and Prospects [J]. Behavioral Research in Accounting, 2006 (1): 117–134.

[172] Merchant K A, Van der Stede W. Management Control Systems: Performance Measurement, Evaluation and Incentives [M]. London: Pearson/Prentice Hall, 2003.

[173] Merchant K A, Van der Stede W, Zheng L. Disciplinary Constraints on the Advancement of Knowledge: The Case of Organizational Incentive Systems [J]. Accounting, Organizations and Society, 2003 (2-3): 251–286.

[174] Milkovich G T, Newman J M. Compensation [M]. Homewood: Irwin, 1993.

[175] Mitchell T, Kalb L. Effects of outcome knowledge and outcome valence on supervisors' evaluations [J]. Journal of Applied Psychology, 1981 (4): 604–612.

[176] Moers F. Discretion and Bias in Performance Evaluation: The Impact of Diversity and Subjectivity [J]. Accounting, Organizations and Society, 2005 (1): 67–80.

[177] Murphy K J, Oyer P. Discretion in executive incentive contracts: theory and evidence [R]. Working Paper, University of Southern California/Stanford University, 2001.

[178] Murphy K R. Job performance and productivity [C] // Psychology in Organizations. Hillsdale: Erlbaum, 1990: 1–19.

[179] Nanni A J, Dixon J R, Vollman T E. Integrated performance measurement: management accounting to support new manufacturing realities [J]. Journal of Management Accounting Research, 1992 (4): 1–19.

[180] Naranjo-Gil D, Cuevas-Rodríguez G, López-Cabrales Á, Sánchez J M. The Effects of Incentive System and Cognitive Orientation on Teams' Performance [J]. Behavioral Research in Accounting, 2012 (2): 177–191.

[181] Neely A, Gregory M, Platts K. Performance measurement system design: a literature review and research agenda [J]. International Journal of Operations and Production Management, 1995 (15): 80 – 116.

[182] Netemeyer R G, Johnston M W, Burton S. Analysis of Role-Conflict and Role Ambiguity in a Structural Equations Framework [J]. Journal of Applied Psychology, 1990 (2): 148 – 157.

[183] Otley D, Pollanen R. Budgetary Criteria in Performance Evaluation: A Critical Appraisal Using New Evidence [J]. Accounting, Organisations and Society, 2000 (4 – 5): 483 – 496.

[184] Porter L W, Steers R M, Mowday R T, Boulian P. Organizational commitment, job satisfaction and turnover among psychiatric technicians [J]. Journal of Applied Psychology, 1974 (59): 603 – 609.

[185] Reichers A. A review and reconceptualization of organizational commitment [J]. Academy of Management Review, 1985 (10): 465 – 476.

[186] Rizzo J R, House R J, Lirtzman S I. Role conflict and ambiguity in complex organizations [J]. Administrative Science Quarterly, 1970 (2): 150 – 163.

[187] Ross S A. The Economic Theory of Agency: The Principal's Problem [J]. American Economic Review, 1973 (2): 134 – 139.

[188] Said A A, HassabElnaby H R, Wier B. An empirical investigation of the performance consequences of nonfinancial measures [J]. Journal of Management Accounting Research, 2003 (15): 193 – 223.

[189] Sawyer J E. Goal and process clarity: specification of multiple constructs of role ambiguity and a structural equation model of their antecedents and consequences [J]. Journal of Applied Psychology, 1992 (2): 130 – 142.

[190] Schecter D S. Value and continuance commitment: a field test of a dual conceptualization of organizational commitment [D]. Unpublished master's thesis, University of Maryland, College Park, 1985.

[191] Schiff A D, Hoffman L R. An exploration of the use of financial and nonfinancial measures of performance by executives in a service organization [J]. Behavioral Research in Accounting, 1996 (8): 134 – 153.

[192] Scott T W, Tiessen P. Performance measurement and managerial teams [J]. Accounting, Organizations and Society, 1999 (3): 263 – 285.

[193] Seiler R E, Bartlett R W. Personality variables as predictors of budget system characteristics [J]. Accounting, Organizations and Society, 1982 (4): 381 – 403.

[194] Simon H A. Models of Man [M]. New York: Wiley, 1957.

[195] Simon H G, Kozmesky H, Geutzkow H, Tyndall G. Centralization vs. Decentralization in Reorganizing the Controller's Department [M]. New York: Controllership Foundation, 1954.

[196] Simons R. Performance Measurement and Control Systems for Implementing Strategy: Text and Cases [M]. Upper Saddle River: Prentice Hall, 2000.

[197] Slovic P, Fischhoff B. On the psychology of experimental surprises [J]. Journal of Experimental Psychology: Human Perceptions and Performance, 1977 (4): 544 – 551.

[198] Smith P. On the unintended consequences of publishing performance data in the public sector [J]. International Journal of Public Administration, 1995 (2/3): 277 – 310.

[199] Taylor F W. The Principles of Scientific Management [M]. New York: Harper & Row, 1911.

[200] Tesoro F, Tootson J. Implementing Global Performance Measurement System [M]. College Division: Southwestern Publishing Company, 1997.

[201] Tversky A, Kahneman D. A Prospect Theory: An Analysis of Decision under Risk [J]. Econometrica, 1979 (2): 263 – 291.

[202] Tversky A, Kahneman D. Judgment under Uncertainty: Heuristics

and Biases [J]. Science, 1974, (185): 1124 –1131.

[203] Vagneur K, Peiperl M. Reconsidering performance evaluative style [J]. Accounting, Organizations and Society, 2000 (4 –5): 511 –525.

[204] Van der Stede W A, Young M S, Chen C X. Assessing the Quality of Evidence in Empirical Management Accounting Research: The Case of Survey Studies [J]. Accounting, Organizations and Society, 2005 (7 –8): 655 –684.

[205] Webb R A. Managers' commitment to the goals contained in a strategic performance measurement system [J]. Contemporary Accounting Research, 2004 (21): 925 –958.

[206] Weiss D J, Dawis R V, England G W, Lofquist L H. Manual for the Minnesota Satisfaction Questionnaire [M]. University of Minnesota Industrial Relations Center, 1967.

[207] Williamson O E. Markets and Hierarchies [M]. New York: The Free Press, 1975.

[208] Young W A, Xiaoling C. Assessing the quality of evidence in empirical management accounting research: The case of survey studies [J]. Accounting, Organizations and Society, 2005 (7 –8): 655 –684.

[209] Zhang S, Markman A B. Overcoming the early entrant advantage: The role of alignable and nonalignable differences [J]. Journal of Marketing Research, 1998 (35): 413 –426.

[210] Zhang S, Markman A B. Processing product unique features: Alignability and involvement in preference construction [J]. Journal of Consumer Psychology, 2001 (1): 13 –27.